Anselm Grün

Ich bin müde

W0345122

ANSELM GRÜN

Ich bin müde

Neue Lust am Leben finden

Vier-Türme-Verlag

Bibliografische Information der Deutschen Nationalbibliothek
Die Deutsche Nationalbibliothek verzeichnet diese Publikation in der Deutschen Nationalbibliografie. Detaillierte bibliografische Daten sind im Internet über http://dnb.d-nb.de abrufbar.

4., überarbeitete Auflage 2018
© Vier-Türme GmbH, Verlag, Münsterschwarzach 2011/2018
Alle Rechte vorbehalten

Gestaltung: Stefan Weigand, wunderlichundweigand
Druck und Bindung: KN Digital Printforce GmbH, Stuttgart
Umschlagmotiv: ArtMarie / iStock.com
ISBN 978-3-7365-0084-6

www.vier-tuerme-verlag.de

INHALT

Einleitung

Das Thema Burn-out ist heute in aller Munde. Bei vielen Kursen erzählen Manager, dass sie nahe an einem Burn-out sind. Deshalb haben sie sich den Freiraum des Kurses gegönnt. Doch wenn ich genau hinhöre, sind viele nicht ausgebrannt. Sie leiden nicht an einer Erschöpfungsdepression. Es ist vielmehr ein anderes Phänomen. Sie sind einfach nur müde. Sie haben sich in der Firma engagiert. Sie haben sich angestrengt, um die Firma voranzubringen. Sie haben sich um ein menschlicheres Arbeitsklima bemüht. Aber jetzt sind sie des Kämpfens müde. Sie fühlen, es sei ein Kampf gegen Windmühlen. Ihr Körper ist nicht so müde, dass sie gleich einschlafen werden. Doch ihre Seele ist müde. Sie hat keinen Schwung mehr. Die Begeisterung, mit der sie für andere gekämpft haben, ist verflogen. Es ist ein Gefühl chronischer Müdigkeit und innerer Lustlosigkeit.

Aber nicht nur Manager sind müde. Neulich erzählte mir eine Frau: »Ich habe so viel für meine Partnerschaft getan. Ich habe meinen Mann zur Paartherapie mitgenommen und alles versucht, unsere Partnerschaft wieder lebendig werden zu lassen. Aber es hat alles nichts geholfen. Ich bin so müde, mich immer neu um diese Ehe zu bemühen.« Eine andere Frau machte immer wieder Therapie. Doch sie hat den Eindruck, sie sei keinen Schritt weitergekommen. Jetzt sei sie einfach müde, noch weiter an sich zu arbeiten. Sie hat so viele Methoden ausprobiert, die ihr die Zeitschriften anpreisen: Methoden des gesunden Lebens, Methoden der Entspannung, Methoden der seelischen Hygiene. Aber sie ist all dieser Methoden, die so viel versprechen, müde. Sie spürt, dass sie ihr nicht wirklich weiterhelfen. Doch was will sie eigentlich? Was erwartet sie vom Leben? Die Müdigkeit lässt sie innehalten, um zu überprüfen, was sie von all den Therapien und Methoden erwartet, die sie ausprobiert hat.

Müdigkeit ist aber nicht nur ein Phänomen des Einzelnen. Es gibt auch die Kirchenmüdigkeit und die Politikmüdigkeit. Man könnte sagen, einzelne Menschen sind an der Kirche müde geworden. Aber wir finden auch die Müdigkeit als Grundstimmung in der Kirche. Und ebenso gibt es nicht nur die Politikverdrossenheit des Einzelnen, sondern auch die Müdigkeit der Politik, nicht nur einzelner Politiker, sondern der Politik als Ganzes.

Wenn die Menschen von sich sagen: »Ich bin müde«, dann ist das nicht die Beschreibung des Burn-out-Syndroms, über das es in letzter Zeit viele Bücher gibt. Ich selber begleite viele Menschen, die von sich sagen, sie leiden unter Burn-out. Doch sie beschreiben mit diesem Wort eine andere Erfahrung. Burn-out meint eine dauernde Erschöpfung. Die klassische Definition von Burn-out ist:

> Zustand physischer oder seelischer Erschöpfung, der als Auswirkung langanhaltender negativer Gefühle entsteht, die sich in Arbeit und Selbstbild des Menschen entwickeln.
>
> Emener, zitiert von Fengler 92

Und die typischen Merkmale des Burn-out sind:

> Großer Widerstand, täglich zur Arbeit zu gehen, Gefühle des Versagens; Ärger und Widerwillen; Schuldgefühle; Entmutigung und Gleichgültigkeit; Negativismus; Isolierung und Rückzug; tägliche Gefühle von Müdigkeit und Erschöpfung.
>
> Cherniss, zitiert von Fengler 94

»Ich bin müde« ist manchmal ein Teil des Burn-out-Syndroms. Aber meistens ist es einfach ein Grundgefühl, das Menschen haben. Sie leiden nicht an einer Krankheit. Sie haben keine Erschöpfungsdepression, die mit Burn-out ja oft verbunden ist. Sie fühlen sich einfach müde. Sie haben das Gefühl, es habe keinen Zweck mehr zu kämpfen. Manchmal machen sie den Eindruck von Resignation. Oft ist es mehr ein psychisches Gefühl. Doch ich treffe auch immer wieder Menschen, die tatsächlich müde sind. Sie schlafen ein, sobald sie sich hinsetzen, um einen Vortrag zu hören. Sie schlafen beim Fernsehen ein. Ja, oft schlafen sie beim Autofahren ein. Sie sind übermüdet. Manchmal kann diese Müdigkeit auch medizinisch bedingt sein. Da leidet einer an Eisenmangel. Ein anderer ist schlapp, weil er unter einer Virusinfektion leidet. Andere leiden grundsätzlich unter Frühjahrsmüdigkeit. Es gibt viele Formen von Müdigkeit und viele Ursachen, warum wir müde sind.

Am 8. Oktober 2010 hat Christof Kneer in der Süddeutschen Zeitung mit dem Fußballer Philipp Lahm über das Phänomen der WM-Müdigkeit gesprochen. Auf die Frage, ob es eher eine körperliche oder eine geistige Müdigkeit ist, antwortet Lahm:

»Das kann man nicht trennen. Aber die Reihenfolge ist diese: Erst kommt die psychische Müdigkeit, und daraus resultiert dann die fehlende körperliche Frische.«

Lahm begründet die fehlende Frische seiner Mannschaft aufgrund der WM-Müdigkeit einmal mit der mangelnden Pause zwischen der Saison und der Weltmeisterschaft. Dann aber spricht er von dem neuen Problem. Auf einmal steht seine Mannschaft weit hinten in der Tabelle. »Jetzt kommt der Druck, nichts mehr herschenken zu dürfen. Gleichzeitig merkt man, dass es nicht läuft, dann vergibt man vorne mal eine Chance, macht hinten mal einen Fehler, es läuft einfach nicht nach Wunsch, der Druck wird noch größer. Das ist wie eine Kettenreaktion: Am Anfang steht die Psyche, dann kommt der Körper, und dann kommt wieder die Psyche, weil man natürlich an Selbstvertrauen verliert.«

Was der Fußballer hier von seiner Mannschaft sagt, das gilt wohl für viele, die müde geworden sind. Sie sind psychisch und körperlich müde geworden. Und ihre Müdigkeit raubt ihnen ihr Selbstvertrauen. Auf einmal läuft nichts mehr im Leben. Alles geht zäh. Nach außen merkt man oft keinen Unterschied. Und dennoch ist da in der Psyche und im Körper etwas, was einfach nicht präsent ist und was daher auch nicht die richtige Leistung bringt.

Das Gefühl der Müdigkeit als spiritueller Wegweiser

Müde werden Menschen in jedem Lebensalter. Kinder werden müde, wenn sie den ganzen Tag gespielt haben. Jugendliche sind abends müde, vor allem aber morgens, wenn es ans Aufstehen geht. Da haben sie den Eindruck, dass sie weiterschlafen müssten, um ihre Müdigkeit abzuschütteln. Erwachsene Menschen werden müde, wenn sie viel gearbeitet oder zu wenig Schlaf haben. Die Art von Müdigkeit, die ich in diesem Buch beschreiben möchte, erlebe ich bei vielen Menschen jeden Alters. Besonders oft scheint mir diese Müdigkeit jedoch Menschen zwischen fünfzig und sechzig Jahren zu treffen. Sie haben die Krise der Lebensmitte hinter sich, in der es um Neuorientierung ging. In der Lebensmitte haben sie sich gefragt: »Soll das alles gewesen sein? Geht es beruflich immer nur bergauf? Oder bin ich an der Grenze angekommen? Was zählt jetzt in meinem Leben?«

Die Lebensmitte ist die Herausforderung, von außen nach innen zu gehen. So hat vor allem der Schweizer Psychologe Carl Gustav Jung die Lebensmitte beschrieben. Wenn die biologische Kurve sich nach unten neigt, kann die psychologische Kurve nur dann aufsteigen, wenn der Mensch sich seinem Innern zuwendet, seinem inneren Zentrum, dem Selbst. In dem Alter zwischen fünfzig und sechzig Jahren beobachte ich eine andere Grundstimmung. Man hat viel an sich gearbeitet. Man hat sich der Krise der Lebensmitte gestellt, hat sein Leben verändert und einen neuen Rhythmus für sich gefunden. Man hat die ungesunde Ernährung umgestellt und geht auf Selbsterfahrungs- und Meditationskurse. Man hat viele Formen von Spiritualität probiert und viel gelesen. Doch jetzt macht sich ein Gefühl von Müdigkeit breit. All die Erwartungen, die man in die Bewältigung der Krise der Lebensmitte gestellt hat, all die spirituellen und therapeutischen Wege, die man gegangen ist, all die sportlichen und gesundheitlichen Ratschläge, denen man gefolgt ist, haben einen letztlich nicht glücklich gemacht.

Jetzt macht sich ein Gefühl von Müdigkeit breit: »Ich habe so viel an mir gearbeitet. Ich habe so viel probiert. Was soll das alles? Hat es etwas gebracht? Bin ich wirklich glücklich?«

Es ist gut, wenn wir solche Gefühle von Müdigkeit nicht wegdrängen. Denn die Gefahr besteht darin, sich nicht eingestehen zu wollen, dass all das, was man an Wegen gegangen ist, nicht wirklich zum Ziel geführt hat. So will uns die Müdigkeit herausfordern, uns neu zu fragen, worum es in unserem Leben eigentlich geht. Wir haben bewusst gelebt. Wir haben all die spirituellen Ratschläge, die uns die christliche Tradition gegeben hat, befolgt. Wir haben esoterische Wege ausprobiert. Wir haben in östlichen Religionen gesucht und Zen-Meditation geübt. Aber wenn wir ehrlich sind, die letzte Erfüllung hat das alles nicht gebracht. Manche möchten sich das lieber nicht eingestehen. Sie haben sich ja so angestrengt. Sie möchten nicht in Frage stellen, was sie leben. Daher schwärmen sie von ihrem momentanen spirituellen Weg. Sie haben den Eindruck, jetzt nach allem Suchen das Eigentliche gefunden zu haben. Doch je mehr Menschen von ihrem spirituellen Weg schwärmen, desto skeptischer werde ich. Ich habe dann oft den Eindruck, dass sie ihre Lebensweise rechtfertigen müssen, nicht nur vor anderen, sondern letztlich vor sich selbst. Denn in ihnen selbst sind tiefe Zweifel, ob das alles wirklich weiterführt. Das Gefühl von Müdigkeit, das viele verdrängen, wäre die Chance, nochmals neu über sein Leben nachzudenken: Worum geht es denn eigentlich? Was möchte ich mit meinem Leben ausdrücken? Welche Erwartungen habe ich an das Leben, welche Erwartungen habe ich an Gott und an mich selbst?

Die Erfahrung des Müdeseins ist nicht neu. Schon der fränkische Dichter Friedrich Rückert (1788–1866) hat in seinem Gedicht »Ich bin müde« das Phänomen beschrieben.

Ich bin müde

Ich bin müde, sterbensmüde;
Ich bin müde, lebensmüde;
Dieses Bangens und Verlangens,
Dieses Hoffens, Bebens müde;
Dieses zwischen Erd und Himmel
Auf- und Niederschwebens müde;
Dieses spinnengleichen Webens
Hirngespinste-Webens müde;
Müde dieser Torenweisheit,
Stolzen Überhebens müde.
Auf, o Geist, in diesen Fesseln
Ring dich nicht vergebens müde!
Schwing dich auf zu deinem Äther,
Des am Staube Klebens müde.

Friedrich Rückert beschreibt sehr treffend die verschiedenen Arten von Müdigkeit. Der Dichter ist müde zu leben. Er ist es leid, immer wieder neu und vergebens zu hoffen, alle möglichen Träume zu spinnen, die dann doch nicht Wirklichkeit werden. Er ist müde all der menschlichen Weisheit, die sich als Torenweisheit entpuppt und oft genug von überheblichen Menschen verkündet wird, die meinen, sie wüssten, wie Leben gelingt. Die Antwort, die wir auf unsere Müdigkeit geben sollen, besteht für den Dichter darin, dass der Geist sich zum Äther aufschwingt, dass er sich also innerlich befreit vom Kleben am Staub, von menschlichen Maßstäben, von Lob oder Tadel, dass der Geist zu sich selbst kommt.

Wir könnten das spirituell so ausdrücken: Die Müdigkeit, die wir in der Welt erleben, verweist uns auf einen Bereich jenseits der Welt, auf den inneren Bereich der Seele, in dem wir ganz wir selbst sind, frei von dem Hin und Her dieser Welt, das uns müde macht. Die Müdigkeit fordert uns heraus, diese Welt zu übersteigen und zu unserem wahren Selbst zu finden, über das die Welt nicht mehr bestimmen kann.

So möchte ich in diesem Buch die verschiedenen Arten und Orte der Müdigkeit durchgehen, mich dem Phänomen der Müdigkeit zuwenden und es von verschiedenen Seiten aus betrachten. Ich möchte nach den Ursachen fragen und dann Wege beschreiben, wie wir mit der Müdigkeit umgehen können. Dabei berücksichtige ich die Erfahrungen, die ich selbst mit der Müdigkeit mache, und gehe auf die Erfahrungen ein, die mir andere erzählt haben. Auch die geistliche Tradition – gerade im Hinblick auf ihre Deutung der Bibel – soll uns helfen, die Müdigkeit als Thema des geistlichen Lebens zu erkennen und einen Weg zu finden, sie in das Leben zu integrieren.

Dabei kann ich keine systematische Abhandlung schreiben, sondern bringe einfach die Gedanken zu Papier, die mir zu diesem Thema gekommen sind. Mich haben die Gedanken von Philosophen und Dichtern, die Gedanken von Frommen und weniger

Frommen angeregt. Und so hoffe ich, dass Sie, liebe Leserin, lieber Leser, durch die Gedanken dieses Buches angeregt werden, selbst über Ihre Müdigkeit nachzudenken und nach Wegen zu suchen, wie Sie kreativ mit der Müdigkeit umgehen können, sodass Sie neue Lust am Leben finden.

Die Erfahrungen von Müdigkeit

Müde im Sprachgebrauch

Wenn wir von der Sprache ausgehen, so sagt uns der Duden: Das altgermanische Wort »müde« kommt vom Wort »müe«, das Mühe und sich mühen bedeutet. Müde ist also der, der sich gemüht hat, der sich angestrengt und geplagt hat. Er hat sein Leben als Mühe und oft als Mühsal erfahren. So hat er sich abgemüht und ist darüber müde geworden. Das Grimm'sche Wörterbuch sagt:

> Müde bedeutet demnach im Zustande der Anstrengung und Beschwerde. Er wird in der alten Sprache nicht nur auf das körperliche und seelische Gefühl des Ermattetseins nach der Anstrengung, sondern auch auf Kraftlosigkeit des Wesens, Elend und Gedrücktheit in der Stellung zu anderen bezogen.
>
> Grimm 2616

Die deutsche Sprache kennt verschiedene Verwendungen des Wortes müde. Da sind nicht nur Menschen müde. Auch die Hände werden müde oder die Knie. Gott verheißt beim Propheten Jeremia, dass er die müden Seelen erquicken werde. (Jeremia 31,25)

Ein müdes Herz sehnt sich danach, ausruhen zu können. Man wird von der Arbeit müde, aber auch vom Seufzen und von der Reise. Schiller lässt Maria Stuart sagen: »Ich bin des Lebens und des Herrschens müde.« Manche sind müde vom Leiden, andere sind müde zu leiden, müde, etwas Bestimmtes zu tun.

Wir verwenden das Wort »müde« meist im Sinn der deutschen Sprache. Wir denken an die Mühsal des Lebens, die uns müde macht. Doch die spirituelle Tradition hat Müdigkeit anders verstanden. Sie hat sie als Chance gesehen, nicht nur das Leben zu verändern. Es geht nicht nur um Anstrengung und Mühsal, sondern darum, der Seele Raum zu geben, damit sie empfangen kann. Im Zustand der Müdigkeit ist die Seele aufmerksam und empfänglich für neue Botschaften. Da erkennt sie, dass es nicht um Leisten und Sich-Anstrengen geht, sondern um Sein, um Sein aus Gnade.

So kann die Müdigkeit uns an wesentliche Themen des geistlichen Lebens führen wie etwa die Muße, die Kontemplation, das Empfangenkönnen, das Leben aus Gnade und an die Demut, dem Rhythmus der eigenen Seele und des Leibes zu folgen. Die spirituelle Tradition zeigt uns Wege auf, wie wir anders mit Müdigkeit umgehen können, als uns die Ratgeberbücher vorschlagen. Es geht nicht darum, die Müdigkeit zu bekämpfen, sondern mit ihr zu leben und sie als Freundin zu sehen, die uns in die eigene Wahrheit und in das Geheimnis Gottes und des Menschen hineinführt.

Müde werden in Arbeit und Beruf

Oft höre ich – wie schon erwähnt – von Menschen, die sich für ihre Firma lange und mit großem Eifer engagiert haben: »Ich bin müde. Ich habe so viel für die Firma getan. Aber es hilft nicht weiter. Wir bekommen die Firma nicht mehr zum Blühen. Das wirtschaftliche Umfeld wird immer schwerer. Wir haben keine Chance mehr, die Firma zu retten.« Andere haben sich für ein besseres Betriebsklima eingesetzt. Aber sie haben nur Enttäuschung erlebt und ihre Ohnmacht erfahren. Das macht sie müde. Andere haben gemeinsam mit Kollegen Ideen entwickelt, wie die Firma auf Dauer gut weiterarbeiten könnte. Aber sie wurden nicht gehört.

Ein Mann, der jahrelang die Firma gestützt hat, ist müde geworden, weil sein neuer Chef nur noch auf das Geld sieht und die Qualität seiner Mitarbeiter übersieht. Der Mann stand für das gute Betriebsklima. Doch den neuen Chef interessieren die Mitarbeiter nicht. Ihm geht es allein um das Geld. Er sieht nicht, dass das Betriebsergebnis nicht besser wird, wenn er die Mitarbeiter nur antreibt, ohne sie in ihrem Wert zu achten. Der Mann sieht, dass das in die falsche Richtung läuft. Aber all seine Versuche, den Chef darauf hinzuweisen, gingen ins Leere. Das macht müde. Irgendwann hat man dann keine Lust mehr. Man arbeitet noch so viel es sein muss und macht Dienst nach Vorschrift. Aber die Kraft und der Idealismus gehen verloren. Müdigkeit breitet sich nicht nur bei diesem Mitarbeiter aus, sondern bei vielen anderen.

Der Mann, der mir von seiner Müdigkeit dem neuen Chef gegenüber erzählte, der das Betriebsklima so verschlechterte, war fünfundfünfzig Jahre alt. Für mich ist diese Form von Müdigkeit typisch für das Alter zwischen fünfzig und dreiundsechzig. Es ist die Müdigkeit vor der Pensionierung. Man muss noch einige Jahre arbeiten und will auch noch gut arbeiten. Dieser Mann war nicht resigniert. Er hat seine Müdigkeit eingestanden, aber sich trotzdem vorgenommen, weiterhin seine Meinung zu sagen. Er hatte eine innere Freiheit gefunden, das zu sagen, was er für richtig hielt, auch wenn der Chef sich oft darüber ärgerte. Aber seine Müdigkeit hat ihn davor bewahrt, ständig frustriert zu sein oder zu verbittern. Auf der einen Seite fühlte er sich müde in seinen Versuchen, das Betriebsklima zu verbessern. Auf der anderen Seite aber wollte er nicht aufgeben. Für ihn bestand die Lösung darin, seine Müdigkeit zuzugeben, aber dennoch in aller Gelassenheit und zugleich mit Hoffnung das zu sagen, was er für richtig hielt. In seinen Worten war keine Verbissenheit mehr. Aber er hatte doch die Hoffnung nicht aufgegeben, dass seine Worte eine Wirkung erzielen. Dass sie den Chef nicht umstimmen konnten, hatte er oft genug erfahren. Aber er hoffte immer noch, dass seine Worte wie Samenkörner sind, die doch irgendwann in den Herzen der Menschen aufgehen. Die Müdigkeit hat ihn also nicht zur Resignation oder Bitterkeit geführt, sondern sie hat seine Art, für die Firma zu arbeiten, verwandelt. Sein Handeln atmete mehr den Geschmack von Freiheit, Gelassenheit und Hoffnung.

Oft ist das Gefühl von Müdigkeit nicht von negativen Erfahrungen verursacht. Ein Betriebsleiter sagte mir: »Ich bin einfach müde, täglich die Konflikte zu schlichten, mich immer wieder diesen banalen Problemen zuzuwenden. Ich bin es leid, den täglichen Kleinkram immer wieder neu ordnen zu müssen.« Oder ein Begleiter meint: »Ich bin so müde. Ich möchte die Probleme der Menschen nicht mehr hören. Vor allem die Beziehungsprobleme in der Partnerschaft oder Freundschaft machen mich müde. Ich habe mich so lange auf die Probleme anderer Menschen eingelassen. Jetzt reicht es mir. Jetzt möchte ich mich auch einmal um mich kümmern.«

Solche Gefühle sollten wir ernst nehmen. Sie zeigen, dass wir eine Grenze überschritten haben oder dass wir zu einseitig gelebt haben. Wir haben nur für andere gelebt. Jetzt gilt es, auch die eigenen Bedürfnisse ernst zu nehmen. Die Müdigkeit lädt uns ein, den bisher ungelebten Pol unseres Lebens stärker zu verwirklichen. Das kann die Sorge für uns selbst oder ein kreatives Tun sein. Die Müdigkeit zeigt uns an, dass wir unsere eigene Grenze besser beachten sollen. Wir können nicht ungestraft unsere eigenen Grenzen überspringen.

Die Gefühle von Müdigkeit oder Widerwillen sind immer Anzeichen, dass wir wieder mehr mit uns selbst in Berührung kommen sollen. Wenn wir die Müdigkeit als Impuls unserer Seele sehen, dann sind wir dankbar dafür und können gut damit umgehen. Wir sorgen mehr für uns. Dann haben wir auch wieder Lust, uns den Problemen anderer zuzuwenden. Wenn wir das Gefühl der Müdigkeit aber überspringen, wächst es zum inneren Widerstand oder gar zum Ekel an der Aufgabe, die uns ermüdet. Das deutsche Wort »Ekel« meint eigentlich das, was zum Erbrechen reizt. Der Magen rebelliert gegen die ständige Überforderung. Wer die Müdigkeit überspringt, erfährt Ekel oder Überdruss. Das Wort Überdruss kommt von »verdrießen«, das wiederum verwandt ist mit: »beschwerlich fallen, plagen, ermüden«. Menschen, die ihre Müdigkeit überspringen, wirken verdrossen und missmutig.

Bei der Begleitung mache ich noch eine andere Erfahrung mit Müdigkeit. Manchmal werde ich im Gespräch mit Klienten müde. Früher habe ich die Schuld immer bei mir gesucht.

Ich dachte, ich habe zu wenig geschlafen. Und ich griff dann oft zum Kaffee, um meine Müdigkeit zu überwinden. Doch im Gespräch mit den Teamkollegen im Recollectio-Haus erkannte ich, dass meine Müdigkeit immer ein Indiz dafür ist, dass der Klient am Thema vorbeiredet. Er spricht nicht über das, was ihn wirklich bewegt. Er spricht über interessante Dinge, um von dem abzulenken, worum es eigentlich geht, um seine innere Wahrheit und um die Bereitschaft, sich mit seiner Wahrheit anzunehmen und neue Wege in seinem persönlichen oder beruflichen Leben zu gehen.

Es gibt andere Manager oder Mitarbeiter, die müde werden, weil sie sich vergeblich eingesetzt haben. Sie werden müde, weil sie viel gearbeitet haben. Sie haben sich lange Zeit sehr eingesetzt, haben ihre Kraft für die Firma, für die Politik, für den Verein geopfert. Und sie haben es gerne getan. Doch auf einmal spüren sie, dass sie keinen Schwung mehr haben, dass sie müde geworden sind. Schuld daran sind nicht die äußeren Umstände, sondern die innere Verfassung. Sie stoßen an ihre körperlichen und psychischen Grenzen. Sie erkennen, dass sie nicht mehr so frisch und fit sind wie früher. Das Alter fordert seinen Tribut. In ihrem Beruf mussten sie sich immer als stark erweisen. Da durften sie keine Müdigkeit zulassen. Jetzt hat die Müdigkeit sie im Griff. Ihre Müdigkeit ist letztlich verursacht durch eine zu lange dauernde Unterdrückung müder Phasen. Wenn sie müde waren, haben sie die Müdigkeit durch viel Kaffeetrinken überwunden. Doch irgendwann ist die Spannkraft aufgebraucht. Sie sind müde geworden, weil sie sich auf Dauer überfordert haben, weil sie ihre Grenzen nicht wahrhaben wollten.

Ein anderer Grund für die Müdigkeit im Beruf ist der Werteverlust in manchen Firmen, wie sie der oben besagte Mann seinem Chef zu vermitteln versuchte. Nach außen hin propagiert man zwar einen Wertekodex, man hat Leitlinien entwickelt und sie auf Hochglanzpapier gedruckt. Doch die Leitlinien sind mehr für die Schublade und für die Außenwirkung der Firma gedacht. Innerhalb der Firma ist wenig davon zu spüren. Werte sind Kraftquellen. Im Lateinischen heißen sie virtutes. Sie sind Kräfte und geben Kraft. Wenn die Werte fehlen, fehlt uns die Kraft, uns für die Firma einzusetzen. Werteverlust führt immer auch zur Müdigkeit. Ohne Werte wird die Firma wertlos. Und für eine wertlose Firma lohnt es sich nicht, seine Kraft herzugeben. Da ist keine Motivation. Der Einsatz für eine wertlose Firma macht müde.

Andere sind müde geworden, weil sie sich ständig überfordert fühlen. Sie sehen sich mit unlösbaren Aufgaben konfrontiert. Sie sollen in der Firma Stellen abbauen und spüren, dass sie damit nicht nur den Mitarbeitern wehtun, die sie entlassen, sondern auch die dagebliebenen Kollegen und Kolleginnen überfordern. Solche Tätigkeiten, die man mit dem eigenen Gewissen nicht vereinbaren kann, aber trotzdem durchsetzen muss, ermüden. Am Anfang versucht man, den Mitarbeitern die Gründe zu vermitteln, warum die Firma nur überleben kann, wenn sie weniger Kosten hat. Aber irgendwann werden diese Argumente leer, wenn man sieht, wie Geld in anderen Bereichen vergeudet wird. Wenn ich aber nicht mehr von der Richtigkeit der Maßnahmen überzeugt bin, kann ich sie nur schlecht vermitteln. Und dieses Gefühl, etwas tun zu müssen, was gegen mein Gewissen geht, das macht mich müde. Ich habe keine Lust mehr, mich ständig verbiegen zu müssen. Ich spüre, dass ich meine Energie letztlich gegen mich selbst richte. So bleibt mir keine Energie mehr für das, was sinnvoll ist, und keine Energie mehr für das Leben zu Hause.

Ein Mitarbeiter erzählte mir, dass der Chef ihn ständig mit sinnlosen Mails bombardiere. Er möchte ständig Informationen über diese oder jene Bereiche. Den Mitarbeiter kostet das viel Zeit und Energie, diese Informationen zu liefern. Aber er hat das Gefühl, sie seien völlig sinnlos. Sie würden nur der Geltungssucht und der Eitelkeit des Chefs dienen oder sie seien nur dazu da, seine Angst zu beruhigen. Der Mitarbeiter versuchte, das Ganze etwas lockerer zu nehmen oder manche Anweisungen in Frage zu stellen, ob das wirklich sinnvoll sei. Doch das hat das autoritäre Gehabe des Chefs erst recht verstärkt. In so einer Situation zu arbeiten macht müde. Der Mitarbeiter hat den Eindruck, dass seine ganze Arbeitskraft nur ausgebeutet wird, um die Unreife des Chefs auszugleichen. Wenn er keinen Sinn in seiner Arbeit sieht, dann verliert er auch die Kraft dazu, dann legt sich eine bleierne Müdigkeit über seine Seele und seinen Leib.

Müdigkeit gibt es in vielen Arbeitsbereichen, nicht nur in den großen Firmen. Ich erlebe diese Müdigkeit gerade auch in sozialen Bereichen. Da ist eine junge Lehrerin, die engagiert ist und voller Ideen steckt. Doch jedes Mal, wenn sie eine neue Idee äußert, ist die Reaktion des Kollegiums: »Das bringt doch nichts. Das macht nur noch mehr Arbeit. Das lohnt uns doch niemand.« Solche Reaktionen zeigen das Klima der Müdigkeit, das ein ganzes Lehrerkollegium erfasst hat.

Ich kenne dieses Phänomen einer müden Stimmung, die eine Gruppe lähmt, auch aus psychologischen Beratungsstellen oder auch aus Krankenhäusern. Junge Psychologen und junge Ärzte, die voller Idealismus sind und sich für die Menschen engagieren wollen, werden ausgebremst. Man reagiert nicht mit Argumenten auf ihre Vorschläge, sondern mit einem tiefen Gefühl von Müdigkeit: »Das bringt sowieso nichts. Dazu habe ich keine Lust. Mir reicht schon das, was ich jetzt tue. Ich will keine neuen Anforderungen mehr.«

Müde in der Partnerschaft

In Gesprächen mit Ehepaaren höre ich folgende Sätze: »Ich habe so viel Kraft in meine Ehe hineingelegt. Ich bin mit so viel Enthusiasmus und Liebe in diese Ehe eingetreten. Aber jetzt bin ich müde. Ich mag einfach nicht mehr. Ich habe viel probiert. Wir sind gemeinsam in die Eheberatung gegangen. Wir haben uns Spielregeln gesetzt, wie wir besser miteinander kommunizieren können. Wir haben gemeinsame Abende für uns reserviert, an denen wir über unsere Probleme gesprochen haben. Aber anscheinend hat alles nichts genützt. Mein Partner hat sich in eine andere Frau verliebt. Was soll ich jetzt noch kämpfen? Ich habe lange genug gekämpft. Ich bin des Kämpfens müde.«

Eine Frau sagte: »Ich bin des Streitens müde. Ich habe immer wieder versucht, mich auf die Konflikte mit meinem Mann einzulassen, mich ihnen zu stellen. Und ich wollte durch das Streiten, dass die Ehe lebendiger wird. Aber jetzt bin ich müde. Ich mag nicht mehr streiten.«

Eine andere Frau erzählt: »Ich mag nicht immer die gleichen Reden anhören. Immer erzählt mein Mann von seiner Arbeit, von seinen Erfolgen. Ich komme in seinen Reden nicht vor. Ich bin müde vom Zuhören. Ich mag mir das alles nicht mehr anhören.«

Aber auch Männer reden von ihrer Müdigkeit. Da ist einer müde, immer nur das Jammern seiner Frau anzuhören, dass das noch nicht gemacht ist oder hier noch etwas erledigt werden muss. Männer möchten ihre Ruhe haben, wenn sie von der Arbeit heimkommen. Sie sind müde, daheim herumkommandiert zu werden. Oft genug reagieren sie dann damit, dass sie sich innerlich verschließen oder sich hinter anderen Aufgaben verschanzen, der eine hinter seinem Computerspiel, der andere in seiner Aufgabe für den Verein oder für den Gemeinderat seines Ortes. Andere kommen bewusst später heim, um sich den Anforderungen in der Familie nicht stellen zu müssen. Sie sind zu müde, sich auf die pubertierenden Kinder einzulassen.

All diese Frauen und Männer haben sich in der Partnerschaft abgemüht. Aber jetzt sind sie müde. Sie wollen sich nicht scheiden lassen. Die Müdigkeit gibt ihnen nicht die Kraft, sich zu entscheiden. Sie stellen einfach fest, dass sie müde geworden sind, dass sie momentan keine Lust haben, zu streiten, zu schlichten, immer die verständnisvolle Ehefrau oder der freundliche und geduldige Ehemann zu sein.

Ihre Müdigkeit ist aber nicht einfach Resignation. Das Gespräch über ihre Müdigkeit befreit sie. Sie geben zu, dass sie müde sind. Sie lassen ihre Maske fallen. Sie wagen es, über ihren wirklichen inneren Zustand in der Ehe zu reden. Dabei bleiben sie aber nicht im Jammern stecken. Sie geben zu, dass sie müde geworden sind. Das ist der erste Schritt. Der zweite Schritt wäre, sich zu fragen, was daraus folgt. Aus Müdigkeit zu streiten bedeutet noch lange nicht, dass ich mich vom Partner trennen muss. Die Müdigkeit ist vielmehr eine Einladung, mehr auf mich selbst zu achten, auf meine eigenen Bedürfnisse und Gefühle. Sie ist durchaus eine Herausforderung, etwas zu verändern, mit mir selbst behutsamer umzugehen und mich selbst ernster zu nehmen. Vielleicht sollte ich mich innerlich von der Illusion verabschieden, dass man in der Ehe alle Probleme lösen kann, dass Gespräche immer Klarheit bringen und man mit gutem Willen alles zur Zufriedenheit aller gestalten kann. Das sind Illusionen. Die Müdigkeit ist nicht Resignation. Sie will uns vielmehr die Augen öffnen, dass wir realistischer mit uns und mit unserem Ehepartner umgehen.

Bei anderen Ehepaaren war das Engagement nicht so groß. Sie haben einfach nebeneinander gelebt. Sie haben sich aneinander gewöhnt. Aber irgendwann spüren sie, dass kein Schwung mehr da ist, dass sie in ihrer Partnerschaft müde geworden sind. Sie haben nicht zu viel gearbeitet, sondern zu wenig. Sie sind müde geworden, weil die Quelle der Liebe, die sie erfrischt, versiegt ist oder zumindest nicht mehr richtig fließt.

Oft haben sich die Ehepaare in ihrer Müdigkeit eingerichtet, ohne dass sie diesen seelischen Zustand richtig bemerkt haben. Doch durch ein äußeres Ereignis wird ihnen ihre Müdigkeit bewusst. Das kann das Auftauchen einer Frau sein, in die der Mann sich verliebt, oder eines Mannes, in den sich die Frau verliebt. Es kann aber auch eine spirituelle Erfahrung sein, ein Gottesdienst, Exerzitien, in denen einem bewusst wird, dass man eigentlich aneinander vorbeigelebt hat. Aber man spürt keine Kraft, aus der eigenen Müdigkeit herauszukommen. Man lebt noch weiter einfach so dahin.

Es gibt Ehen, die durch jahrelanges Zusammenleben zu einer inneren Einheit geworden sind. Da gibt es keine Höhepunkte der Liebe, keine Ekstasen mehr, aber alles ist von Liebe und Lebendigkeit geprägt. Doch in anderen Ehen ist alles erstarrt. Man lebt nebeneinander her. Aber in keinem der beiden Partner ist etwas von Liebe oder Lebendigkeit zu spüren. Überall nur Müdigkeit. Man ist im Miteinander nicht nur müde geworden, den anderen zu ertragen. Die Müdigkeit ist vielmehr in die eigene Seele vorgedrungen und hat sie in Beschlag genommen. Das Grundgefühl solcher Menschen ist: Leere und Müdigkeit.

Die Müdigkeit im Miteinander hat oft ihre Ursache darin, dass man die Enttäuschung über den anderen übersprungen hat. Es gehört zu einem gesunden Miteinander, dass man sich in seinen Grenzen, in seinen Fehlern und Schwächen kennenlernt. Fehler und Schwächen können in uns leicht ein Gefühl von Unzufriedenheit und Missmut erzeugen. Dann ist es wichtig, den anderen eben bewusst so anzunehmen, wie er ist. Das verlangt aber zunächst, dass wir uns von den Illusionen verabschieden, die wir uns vom anderen, von uns selbst und von unserer Ehe gemacht haben. Nur wenn wir in einem schmerzlichen Prozess des Betrauerns Abschied nehmen von unseren Illusionen, werden wir fähig, den anderen bedingungslos anzunehmen. Gefühle von Müdigkeit am anderen, von Ekel und Überdruss sind ganz normal in einer Beziehung. Doch sie wollen angeschaut werden, damit sie sich wandeln können in eine neue Form von Annehmen und Lieben.

Von dieser Müdigkeit in der Partnerschaft spricht Graham Greene in seinem Buch »Das Ende einer Affäre«. Bendrix hat Sarah, die Frau eines englischen Beamten mit Namen Henry, geliebt und damit ihren Mann immer wieder verletzt. Nach ihrem Tod liest er ihr Tagebuch. Da geht ihm auf, wie sie ihr ganzes Leben lang um die Liebe und um Gott gerungen hat. Bendrix überlegt bei der Lektüre des Tagebuches im Blick auf Sarah:

> Wenn dieser Gott existiert, und wenn sogar du mit deiner triebhaften Sinnlichkeit, deinen wiederholten Ehebrüchen und den feigen Lügen, die du immer wieder vorbrachtest, dich so verändern kannst, dann könnten wir alle zu Heiligen werden, indem wir die Augen schließen und uns hinabstürzen – ein für alle Mal.
>
> Greene, Ende einer Affäre 170

Bendrix ist vom Tod seiner Geliebten erschüttert, aber genauso von ihren Gedanken, die er in ihrem Tagebuch findet. So geht er mit Henry, dem Mann von Sarah, der ja eigentlich sein Rivale in der Liebe war, nach dem Tod Sarahs gemeinsam zum Biertrinken. Er hat die Liebe zu Sarah erlebt mit allen Höhen und Tiefen, mit Verletzungen und Enttäuschungen. Jetzt fühlt er sich müde von seiner Liebe. Graham Greene lässt Bendrix sagen:

> Als ich nun an Henrys Seite zu unserem abendlichen Glas Bier ging, da kam mir das einzige Gebet in den Sinn, das meiner winterlich düsteren Stimmung gerecht wurde: O Gott, Du hast genug getan, Du hast mir genug geraubt. Ich bin zu müde und zu alt, als dass ich mit der Liebe von neuem beginnen könnte. Darum lass mich bitte für immer allein.
>
> Greene, Ende einer Affäre 171

Es gibt nicht nur die Müdigkeit in der Liebe, sondern auch die Müdigkeit von der Liebe. Bendrix hat Sarah geliebt und mit ihr wunderbare Stunden verbracht. Aber jetzt nach all dem Auf und Ab, nach Erfüllung und Enttäuschung ist er müde. Er hat das Gefühl, er habe genug geliebt, genug seine Sehnsucht auf Frauen gerichtet. Jetzt zeigt ihm die Müdigkeit einen anderen Weg: für immer allein zu bleiben, nicht aus Resignation, obwohl sein Gebet so klingt, sondern aus einer tiefen Erfahrung heraus, dass die Liebe wunderbar, aber nicht alles ist, sondern dass sie uns auf eine tiefere Ebene führen möchte.

In Gesprächen erzählen mir viele Menschen von ihrem Lebenspartner oder ihrer Lebenspartnerin. Sie haben sich nicht für immer füreinander entschieden. Aber sie leben in einer festen Partnerschaft. Manchmal leben sie die Partnerschaft nur am Wochenende, weil sie an getrennten Orten wohnen und arbeiten. Manchmal leben sie zusammen. Auch in solchen Gesprächen höre ich viel von Müdigkeit. Man ist müde, jedes Wochenende so weit fahren zu müssen, um sich für kurze Zeit zu treffen. Während der Woche rückt die Arbeit so in den Mittelpunkt, dass für die Partnerschaft wenig Zeit bleibt. Am Telefon gibt es dann viele Missverständnisse. Man hofft, die Missverständnisse ausräumen zu können, wenn man sich am Wochenende trifft, um in aller Ruhe darüber zu reden. Doch dann ist man am Wochenende müde und kann sich nicht richtig auf den anderen einlassen. Man hat keine Lust, Probleme zu wälzen, und möchte die Liebe genießen. Doch die Partnerin hat andere Erwartungen. Von all diesem Auf und Ab wird man irgendwann müde. Und man fragt sich, ob man die Partnerschaft weiterführen soll oder nicht. Tut sie mir noch gut oder ist sie eine Belastung? Doch was mache ich, wenn ich ganz allein bin? Bin ich dann zufrieden? So ist man hin und her gerissen. Die Beziehung hat ihren Schwung verloren. Es geht nicht vor und nicht zurück. Man steckt irgendwie fest.

Peter Handke schreibt in seinem »Versuch über die Müdigkeit« von der Müdigkeit zwischen Mann und Frau, die oft Spaltung bedeutet. Handke schreibt von seiner eigenen Erfahrung mit seiner Frau, dass sie manchmal nach einer intensiven Erfahrung des Einsseins auf einmal sich als unwiderruflich getrennt erlebten.

> Nichts half; die beiden fielen schon, unaufhaltsam, weg voneinander, ein jeder in seine höchsteigene Müdigkeit, nicht unsere, sondern meine hier und deine dort. Mag sein, dass die Müdigkeit in diesem Fall nur ein anderer Name für Gefühllosigkeit oder Fremdheit war – doch für den Druck, der auf dem Umkreis lastete, war sie das der Sache gemäße Wort.
>
> Handke 15

Handke nennt diese Müdigkeit die entzweiende Müdigkeit:

> Solch entzweiende Müdigkeiten schlugen einen jeweils mit Blickunfähigkeit und Stummheit; nicht und nicht hätte ich zu ihr sagen können: »Ich bin deiner müde«, nicht einmal ein einfaches »Müde!« (was, als gemeinsamer Aufschrei, uns vielleicht aus den Einzelhöllen befreit hätte): Solche Müdigkeiten brannten uns das Sprechenkönnen, die Seele, aus. Wären wir dann doch tatsächlich imstande gewesen, getrennte Wege zu gehen! Nein, jene Müdigkeiten bewirkten, dass die im Innern Entzweiten

> außen, als Körper, zusammenbleiben mussten. Dabei kam es dann, dass die beiden, von dem Müdteufel besessen, selber zum Fürchten wurden.
>
> Handke 16f

Häufig äußert sich dann die Müdigkeit in Gewalt, nicht unbedingt in körperlicher Gewalt, sondern in der Entwertung des anderen in seinem Mannsein oder Frausein. Doch es kann auch sein, dass die Gewalt in der Paares-Müdigkeit zum Ausweg aus ihr wird. Entweder gehen dann beide doch auseinander. Oder sie finden einander wieder, schauen einander mit neuen Augen an. Die Müdigkeit kann zur Verwandlung führen:

> der unbekümmerten Verliebtheit des Anfangs in den Ernst. Keinem kam es in den Sinn, den anderen zu beschuldigen für das, was er gerade getan hatte; es war stattdessen ein gemeinsames Augenaufgehen für eine von den einzelnen Personen unabhängige Bedingtheit in dem Zusammensein, Zusammen-»werden«, von Mann und Frau.
>
> Handke 19

Es gibt die Müdigkeit in der Liebe, die zu einer Chance wird, die Augen zu öffnen und den Partner oder die Partnerin mit neuen Augen anzuschauen. Diese Chance stellt die Partnerschaft auf eine neue Ebene. Es gibt aber auch die Müdigkeit in der Liebe, die dazu führt, dass man von einer Partnerin zur anderen geht. Man ist der Partnerin so müde, dass man keine Lust mehr hat, mit ihr weiterzuleben. Aber alleine kann man auch nicht leben. So sucht man sich eine neue Partnerin. Dieses ständige Suchen nach neuen Partnern und Partnerinnen ist nicht Ausdruck von Lebendigkeit, sondern von Müdigkeit. Man lässt sich nicht wirklich auf den Partner ein, sondern probiert es einmal. Die Unverbindlichkeit und die Weigerung, sich wirklich auf den anderen einzulassen, machen müde und führen zur Resignation in der Liebe.

Das Johannesevangelium erzählt uns in der Begegnung Jesu mit der samaritischen Frau (Johannes 4,1–26) etwas vom Phänomen der Liebesmüdigkeit. Die Frau ist in eine Liebesmüdigkeit geraten, weil sie so viele instabile Beziehungen hatte. Sie war in den Teufelskreis geraten, dass Liebesmüdigkeit zum Partnerwechsel führt und ständige Partnerwechsel neue Liebesmüdigkeit hervorrufen, weil man die gleichen Fehler wiederholt. So kann die Sehnsucht nach wahrer Liebe nicht erfüllt werden. Jesus verweist die Frau auf ihre innere Quelle von Liebe, die nie versiegt, weil sie an der göttlichen Quelle der Liebe teilhat.

Kirchenmüde

Ein Blick in die leeren Kirchen zeigt die Kirchenmüdigkeit vieler Christen. Die Begeisterung bei Weltjugendtreffen oder Kirchen- und Katholikentagen kann nicht darüber hinwegtäuschen, dass viele Christen kirchenmüde geworden sind. Die Gründe dafür sind vielfältig. Da ist einmal die Enttäuschung durch die Kirche. Gerade die Debatte um den sexuellen Missbrauch in der Kirche hat viele Christen enttäuscht. Man hatte den Pfarrern vertraut und ihnen seine Kinder anvertraut. Und nun haben sie hinter der Fassade von Frömmigkeit ihre eigenen sexuellen Bedürfnisse ausgelebt. So hat die Kirche an Glaubwürdigkeit verloren.

Die vielen Pfarrer, die sich redlich um eine gute und offene Seelsorge mühen, stehen da auf verlorenen Posten. Auch sie sind oft müde geworden. Sie kommen nicht gegen die Stimmung an, die momentan gegen die Kirche läuft. Sie geben sich alle Mühe, eine lebendige Gemeinde zu bauen. Sie lassen sich in der Seelsorge auf die Menschen ein, sie feiern schöne Gottesdienste und predigen gut. Aber sie haben den Eindruck, auf einer Sanddüne zu stehen. Der Sand, auf dem sie stehen, gleitet ihnen unter ihren Füßen weg.

Evangelische Pfarrer und Pfarrerinnen erzählen mir von ihrer Müdigkeit mit ihrer Kirche oder ihrer Kirchgemeinde. Sie geben sich alle Mühe, eine gute Predigt zu halten. Doch alle Mühe kann die geringe Zahl der Gottesdienstbesucher nicht steigern. Oder sie sind müde von den internen Kämpfen zwischen dem Kirchenvorstand und den Anliegen der Gemeinde und des Pfarrers oder der Pfarrerin.

Oft ist es auch die Erfahrung, dass die Sprache der Kirche die Herzen der Menschen nicht erreicht. Es ist eine Sondersprache geworden, in der sich viele nicht mehr angesprochen fühlen. Und die Art der Liturgie kommt vielen leer vor. Sie führt nicht in das Geheimnis hinein. Sie berührt die Menschen nicht in ihrem Herzen. Natürlich liegt es nicht allein an der Gestaltung durch die Pfarrer und Pfarrerinnen, sondern oft auch an der eigenen Glaubensmüdigkeit. Hat das, was wir da feiern und was wir als unseren Glauben bekennen, noch eine Wirkung auf mein Leben und auf das Leben in der Gesellschaft?

Oft kommt eine Enttäuschung zur anderen. Weil ein Pfarrer beim Taufgespräch oder beim Traugespräch ungeduldig und engherzig war, kehrt man der Kirche den Rücken. Man verallgemeinert. Mit dieser Kirche will man nichts mehr zu tun haben. Andere haben sich für die Kirche eingesetzt. Sie haben sich bemüht, eine lebendige Gemeinde mitzugestalten. Der Pfarrer hat sie dabei unterstützt. Doch dann gibt es einen Pfarrerwechsel, und der neue Pfarrer will alles selbst machen oder ständig die Kontrolle haben über die Ideen, die man einbringt. Da verliert man die Lust an der Mitarbeit. Man resigniert. Man ist in seinem Einsatz für die Kirche müde geworden. Man hat gesehen, wie Kirche blüht. Doch jetzt verblüht alles. Das tut weh und macht traurig und müde.

Manche schauen in dieser Situation neidisch auf die Freikirchen, die junge Leute anziehen und begeistern können. Doch auch dort scheint nicht alles so rosig zu sein, wie es in manchen Gottesdiensten propagiert wird. Man singt sich in Begeisterung hinein. Doch wenn man die Texte genauer ansieht, erkennt man, dass sie zu einfach sind. Sie versprechen zu viel. Andere wenden sich konservativen Gruppierungen zu. Doch auch hier sammeln sich oft nicht die Starken und Gesunden, sondern die, die Hilfe brauchen. Doch wenn nur Hilfebedürftige in so einer Gemeinde sind, dann verliert sie auch schnell ihre Kraft. Es scheint auch nicht der Weg aus der Krise heraus zu sein. Man hat den Eindruck, dass die Kirche nur für Kranke da ist. Und in so einer Gemeinde fühlt man sich dann schnell überfordert. Man sehnt sich nach gesunden und starken Menschen.

Die Pfarrer und Pfarrerinnen, die Gemeindereferenten und Pastoralreferentinnen, die sich mit aller Kraft für eine lebendige

Gemeinde einsetzen, werden oft müde durch die Enttäuschung, dass trotz allen Einsatzes die Kirchenbesucher nicht mehr werden. Oder aber es gibt die Enttäuschung durch einzelne Gemeindemitglieder, denen man vertraut hat und die einen jetzt im Stich lassen oder gar in den Rücken fallen. All diese Erfahrungen tragen mit bei zur Kirchenmüdigkeit.

Wenn wir in frühere Zeiten schauen, so kommt eine gewisse Wehmut auf. Wenn man die Jugendbekenntnistage in den fünfziger Jahren betrachtet oder die Begeisterung für die großen Wallfahrtsgottesdienste nach dem Krieg, so bleibt Ratlosigkeit zurück. In den zwanziger Jahren des 20. Jahrhunderts hat Romano Guardini begeistert schreiben können: »Die Kirche erwacht in den Seelen.« Heute wagt das niemand zu schreiben. Und niemand hat ein Rezept, wie die Kirchenmüdigkeit überwunden werden kann.

Die Kirchenmüdigkeit zeigt sich darin, dass sich viele kirchlich engagierte Laien zurückziehen. Sie suchen sich andere spirituelle Nischen, in denen sie sich wohl fühlen. Sie wandern aus der Kirche aus und ziehen sich in ihre Meditationsgruppe, in ihre Pilgergruppe, in ihre Tanzgruppe oder in die vielen anderen spirituellen Gruppierungen zurück, die sich überall bilden. Der Trend zum Auswandern und zum Rückzug oder auch die Hinwendung zu spirituellen Events, die einen kurzfristig innerlich aufbauen, sind Symptome für die Kirchenmüdigkeit vieler Christen.

Aber nicht nur die Christen sind kirchenmüde. Die Kirche selbst macht oft einen müden Eindruck. Da ist keine Begeisterung. Manche bischöflichen Verlautbarungen möchten gerne die alte Zeit wieder lebendig werden lassen. Aber sie überzeugen nicht. Hinter dem Versuch, einige erfolgreiche Veranstaltungen der Kirche zu verherrlichen, steckt nur eine tiefe Müdigkeit. Man hat den Eindruck, dass die Kirche zu sehr damit beschäftigt ist, sich zu rechtfertigen, als dass sie Schwung nach außen zeigt, als dass sie die Gesellschaft in Bewegung bringt.

Für mich ist es wichtig, zu betrauern, dass die Kirche heute so ist, wie sie ist. Wenn ich das betrauere, dann kann ich auch all das Positive entdecken, das heute in der Kirche gelebt wird. Da sind die vielen Laien, die sich für ihre Gemeinden engagieren. Es gibt durchaus spirituelle Neuaufbrüche in manchen Kreisen. Da sind die vielen Versuche, Spiritualität zu vertiefen. Die vielen Laien, die Exerzitien machen, die sich theologisch fortbilden. Da ist das mancherorts gute ökumenische Klima zwischen der katholischen und evangelischen Gemeinde, das Miteinander im Glauben. Da sind manche Klöster als geistliche Zentren, in denen viele suchende Christen nach Vertiefung ihres Glaubens suchen. Und da sind vor allem in den Ländern Lateinamerikas, Asiens und Afrikas lebendige Kirchen, die sich sowohl politisch und sozial engagieren als auch Orte spiritueller Erfahrung sind. Aber ich muss immer wieder betrauern, dass der Kirchenbesuch zurückgeht, dass die regelmäßigen Angebote immer weniger in Anspruch genommen werden, dass die Kinder und Jugendlichen wegbleiben. Nur wenn ich das betrauere, werde ich offen für neue Wege, die die Kirche heute gehen kann.

Wie sich die Kirchenmüdigkeit für den Einzelnen anfühlt, hat Peter Handke aufgezeigt, wenn er die Müdigkeit des kleinen Kindes in der Christmette beschreibt. Alle singen Weihnachtslieder, aber er ist einfach nur müde. Auch wenn es eine körperliche Müdigkeit ist, nennt Handke sie eine hässliche Krankheit. Und er meint, sie entstelle alles:

> sowohl die Umgebung – die Kirchenbesucher zu einpferchenden Filz- und Lodenpuppen, den Altar samt blinkendem Aufputz in der undeutlichen Ferne zu einer Stätte der Torturen, begleitet von den wirren Ritualen und Formeln der Ausführer – als auch das Müdkranke selber, zu einer Groteskfigur mit Elefantenkopf, auch so schwer, so trockenäugig, so wulsthäutig; entzogen durch die Müdigkeit dem Stoff der Welt, in diesem Fall der Winterwelt, der Schneeluft.
>
> Handke 8

Was Handke hier als Kirchenmüdigkeit des Kindes beschreibt, ist ein Bild für das, was heute viele kirchenmüde Erwachsene erleben. Die Kirchenmüdigkeit lässt alles, was in der Kirche geschieht, in einem verzerrten Licht erscheinen. Und selbst fühlt man sich auch nicht glücklich. Man fühlt sich irgendwie abgeschnitten vom Leben. Man sehnt sich nach dem Leben, findet es aber in der Kirche nicht. Die Kirchenmüdigkeit führt nicht immer zum spirituellen Aufbruch, sondern oft zu einer Flucht in spirituelle Nischen. Man meint, darin das gefunden zu haben, was man sucht. Aber von den Gesichtern geht nicht die Lebendigkeit aus, die sie in der Kirche vermissen. Und sie brauchen noch zu viel Energie, um die Kirche zu kritisieren, als dass ihre Energie in eine lebendige Spiritualität hineinfließen könnte.

So wird die Kirchenmüdigkeit – um mit Handke zu sprechen – »ein hässliches und bösartiges Leiden« (Handke 7). Die

Frage ist, was der Einzelne und was die Kirche gegen dieses Leid der Kirchenmüdigkeit tun kann.

Wie kann die Kirche über das, was sie zu sagen hat, was sie als Botschaft Jesu verkünden soll, so sprechen, dass die Menschen nicht müde werden, sondern aufwachen? Das ist zunächst eine Frage an den einzelnen Verkünder, ob er selbst aufgewacht ist. Jesus hat ja immer wieder die Wachsamkeit, die Achtsamkeit, das Aufwachen aus dem Schlaf der Gerechtigkeit angemahnt. Wie kann Dringliches so gesagt werden, dass es drängend bleibt, dass es eindringen kann in das menschliche Herz? Jesus hatte offensichtlich diese Fähigkeit, weil er selbst wach war, wach für die Impulse der eigenen Seele, wach für das, was Gott ihm zuflüsterte, und wach für das, was das menschliche Herz bewegte. Er hatte eine Ausstrahlung, an der niemand vorbeikam. Er hat die Menschen durch seine Gleichnisse und durch manche Worte provoziert, um sie aus dem Schlaf herauszureißen. Aber er hat genauso gut auch Gebeugte aufgerichtet und Mutlosen Mut gemacht. Er hat eine Kraft ausgestrahlt, die die Menschen berührt hat. Nach dieser Kraft des Heiligen Geistes, der uns Christen auch heute verheißen ist, sehnen wir uns alle. Er soll sich zeigen in einer Sprache, die die Herzen erwärmt, so wie die Jünger es von Jesus erfahren haben:

> Brannte uns nicht das Herz in der Brust, als er unterwegs mit uns redete?
>
> Lukas 24,32

Und wir sehnen uns nach dem Pfingststurm des Heiligen Geistes, der die müden Apostel aus ihrem Obergemach heraustrieb und sie eine neue Sprache sprechen ließ. Alfred Delp hat im Gestapogefängnis im Jahre 1944 die Kirche zur Gewissenserforschung aufgerufen, wie weit sie selbst schuld ist an der Dürre, an der Kirchenmüdigkeit:

> Wir haben uns als Einzelne und als Kirche in den letzten Zeiten so oft vergriffen in der Art der Begegnung mit dem Menschen, mit der Wertung und Schätzung von Situationen und geistigen Wirklichkeiten, in der Kunst der Menschenführung, in der Darbietung der Lehre und noch in so vielem anderen, dass wir doch allen Grund hatten und haben, über uns selbst zu erschrecken.
>
> Delp, Gesammelte Schriften 4, 302

Die Kirche muss also selbst aufwachen und erkennen, wo sie dem Menschen nicht wirklich begegnet, ihn nicht wirklich ernst nimmt in seinen Bedürfnissen. Nur wenn sie aufwacht, kann sie die Herzen wieder erreichen. In der frühen Kirche sang man ein Lied, das der Epheserbrief zitiert. Wir Christen sollten es uns gegenseitig zurufen:

> Wach auf, du Schläfer, und steh auf von den Toten, und Christus wird dein Licht sein.
>
> Epheser 5,14

Politikverdrossenheit

Bei den Wahlen gehen immer weniger Bürger und Bürgerinnen zur Wahlurne. Man spricht von Politikmüdigkeit und von Politikverdrossenheit. Alle Parteien beklagen diese Weigerung der Bürger, die Politik aktiv mitzubestimmen. Auch hier sind die Ursachen vielfältig. Da gibt es Enttäuschungen, dass die Wahlversprechen nicht eingehalten werden, dass Politiker große Worte machen, denen keine Taten folgen, dass viele Probleme sich einfach nicht lösen lassen, weil es keine Konsensfähigkeit gibt. Die Politik lässt eine klare Linie vermissen. Da werden Tagesgeschäfte erledigt. Da schielt jede Partei mit ihren Maßnahmen auf die nächste Wahl, anstatt langfristig Probleme zu lösen.

Die Presse berichtet immer wieder von Unregelmäßigkeiten der Politiker, von Spendenaffären oder anderen Skandalen. Das alles vertieft das Vertrauen in die Politiker nicht. Viele Politiker sind selbst müde geworden, weil sie spüren, dass sie ihre Ziele nicht durchsetzen können. Sie werden aufgerieben in den innerparteilichen Kämpfen. Rivalität und Neid beherrschen dort die Atmosphäre und nicht der gemeinsame Wille, aufzubrechen und dem Land zu dienen. Viele haben den Eindruck, dass es nicht um das Wohl des Landes geht, sondern nur um das Wohl der Partei. All das führt dazu, dass sich immer mehr Menschen von der Politik abwenden. Die Parteien tun sich schwer, neue Mitglieder zu werben, und für die verantwortungsvollen Aufgaben innerhalb der Partei oder der Bundespolitik und Landespolitik stehen immer weniger Menschen zur Verfügung. Es gibt nicht die charismatischen Persönlichkeiten, die die Menschen berühren und mitreißen. Statt Begeisterung herrscht Ernüchterung, statt Aufbruchsstimmung Müdigkeit. Es trifft wohl auf unsere Zeit zu, was Alfred Delp im Gefängnis von Tegel geschrieben hat, dass es Generationen gibt, denen nichts Gescheites mehr einfällt, die ohne Vision nur dahinleben. Delp meditiert das Wort aus der Pfingstsequenz »Riga quod est aridum – tränke, was vertrocknet ist«. Dabei unterscheidet er verschiedene Arten von Dürre. Eine bezieht sich auf

> das unschöpferische Geschlecht: dass auf einmal einem ganzen Volk, einer ganzen Generation nichts Gescheites mehr einfällt, weder im praktischen Erkennen noch in der Gestaltung, weder in der Kunst noch in der Politik, weder in der Philosophie noch in der Theologie noch in der Religiosität.
>
> Delp, Gesammelte Schriften 4, 288

Unsere Politik zeichnet sich heute durch Phantasielosigkeit aus. Man geht nur die Tagesgeschäfte durch, hat aber keine Vision, wie das Zusammenleben der verschiedenen Menschen und Kulturen in unserer Gesellschaft gelingen kann, wie die Völker in einer globalisierten Welt miteinander die Zukunft gestalten können.

Politiker haben es uns in den letzten Jahren vorgemacht, dass sie müde geworden sind. Sie haben sich für ihr Land eingesetzt. Aber sie haben immer nur Kritik erfahren. Und sie haben erfahren, dass es mühsam ist, politische Lösungen durchzusetzen. Die Parteien blockieren sich gegenseitig. Auch innerhalb der Partei gibt es Spannungen und Konflikte. Manch ein Politiker hat den Eindruck, dass er vergebens kämpft. Das macht müde. Roland

Koch war seines Amtes müde und ist in die Industrie gegangen. Der Bürgermeister von Hamburg hat seine eigene Regierung verlassen und sein Amt aufgegeben. Er meinte, es sei Zeit, seinem Leben eine andere Richtung zu geben. Das scheint eine Ausrede zu sein. Offensichtlich war er müde geworden in seinem Amt.

Es ist verständlich, dass Politiker so reagieren. Doch wenn alle, die Verantwortung für andere haben, bei Widerstand aufgeben, entsteht ein Klima der Müdigkeit, das der Gesellschaft nicht mehr guttut. Daher wäre es wichtig, dass die Politiker sich ihrem Gefühl von Müdigkeit ehrlich stellen, aber nicht gleich die Konsequenz daraus ziehen, sich von allen Verpflichtungen zurückzuziehen. Die Müdigkeit wäre eine Herausforderung, die Politik mit einer anderen inneren Einstellung zu betreiben. Und die Müdigkeit der Politiker ist eine Anfrage an die Gesellschaft, ob sie nicht zu hohe Erwartungen an die Politiker hat. Wenn keiner mehr einen Fehler machen darf und bei jedem Fehler sofort sein Rücktritt gefordert wird, dann werden Menschen müde. Dann haben sie keine Lust mehr, Verantwortung zu übernehmen und für jedes Wort oder jeden Schritt durch die Presse gezerrt zu werden.

Die Politikmüdigkeit führt nicht nur zur Politikverdrossenheit der Bürger, sondern auch zu neuen Erwachenssymptomen, etwa bei den jüngsten Bürgerbewegungen. Die Politiker planen die Zukunft des Landes oft an den Bedürfnissen der Menschen vorbei. Die Menschen fühlen sich nicht ernst genommen. So protestieren sie gegen die Pläne der Politik. Wir können nur hoffen, dass das Aufwachen vieler Bürger auch zur Auferweckung der Politiker führt und zu einer neuen Wachheit für die politischen Probleme. Wir können den Politikern nicht allein die Schuld zuschieben für die Politikverdrossenheit. Es liegt immer auch an der Müdigkeit der Menschen, die nicht genau hinschauen, was in ihrem Land geschieht, und die sich vergraben in ihre eigenen Wünsche und Illusionen.

Die Müdigkeit der Politiker ist oft nur Ausdruck der Müdigkeit der Gesellschaft. Eine Frau aus Taiwan, die lange in Deutschland studiert und gelebt hat, erzählte mir, sie habe die Gesellschaft in Deutschland als müde erlebt. Da ist so viel tot. Es lebt nicht. Die Gesellschaft in Asien erlebe sie lebendiger. Allerdings ist sie auch oft von Hektik geprägt. Und sie meinte, es bräuchte wohl eine Haltung dazwischen. Die Hektik kann Ausdruck von Lebendigkeit sein, aber sie kann den Menschen auch überfordern und krank machen. Die Müdigkeitsgesellschaft bietet mehr Raum zur Muße. Aber sie kann auch jede Lebendigkeit verhindern. Man lebt angepasst dahin. Man will nicht auffallen. Man zieht sich in private Zirkel zurück. Doch die Gesellschaft selbst ist müde und resigniert. Asiaten spüren diese Müdigkeit in unserer Gesellschaft oft viel deutlicher als wir selbst. Wir denken, in Deutschland bewege sich doch so viel. Doch offensichtlich ist es nicht immer eine lebendige Bewegung, sondern eine, die aus der Müdigkeit heraus kommt.

Müde mit mir selbst

In der geistlichen Begleitung stoße ich oft auf Menschen, die mit sich selbst müde geworden sind. Sie haben sich früher einmal begeistert für ihren geistlichen Beruf, für die Seelsorge, für die Theologie, für die Arbeit mit Menschen. Aber jetzt sind sie müde. Manche sind müde, weil sie viel an sich gearbeitet haben. Sie haben immer wieder Therapie gemacht, Selbsterfahrungskurse oder Meditationsseminare besucht. Aber sie haben den Eindruck, dass sie nicht weitergekommen sind. Sie hören sich manchmal noch Vorträge an. Aber es gibt keinen Vortrag, der sie begeistert, der sie zu einem Neuaufbruch bewegt. Sie gehen schon schläfrig in den Vortrag oder in das Seminar. Sie erwarten nichts mehr vom Leben. Es tut mir manchmal richtig weh, wenn ich solch einem müden Menschen gegenübersitze. Davon werde ich oft selbst müde. Wenn ich nicht aufpasse, raubt mir dieses Gegenüber in seiner müden Resignation selbst alle Kraft und Lebendigkeit. So versuche ich, mit mir und meiner inneren Quelle in Berührung zu kommen, um nicht von der Müdigkeit des anderen angesteckt zu werden.

Bei anderen Menschen erahne ich, dass sie durchaus einmal voller Leben waren. Sie hatten sich in der Jugend für vieles begeistern lassen und sich für vieles engagiert. Aber jetzt haben sie das Gefühl, dass das alles vorbei ist. Es war gut so. Aber sie fühlen sich auch ein Stück weit verführt und missbraucht. Sie haben sich gebrauchen lassen. Das hat ihnen ihren Wert gegeben. Aber manchmal war das Gebrauchtwerden auch ein Benutztwerden. Sie fühlen sich von anderen Menschen für ihre eigenen Zwecke benutzt. So bringen sie heute nicht mehr die Kraft auf, sich für etwas Neues zu begeistern. Zu schnell kommt da in ihnen die Angst hoch, wieder nur benutzt zu werden. Sie sind skeptisch gegenüber großen Ideen, wittern überall nur, dass sie vereinnahmt werden. Sie sehen alle neuen psychologischen oder spirituellen

Wege voller Skepsis. Sie haben schon zu viele Neuanfänge probiert. Alles hat nichts geholfen. Sie sind der Arbeit an sich selbst müde geworden. Sie leben einfach nur noch so dahin.

Es gibt Menschen, die dankbar auf ihre Vergangenheit zurückschauen. Aber sie leben auch von der Vergangenheit. Sie bringen keinen Schwung mehr auf, etwas Neues anzufangen oder neue Ideen zu entwickeln. Sie meinen, das sollten die Jüngeren tun. In Klöstern begegnet man oft solcher Haltung. Man hat das Kloster jahrelang geprägt. Jetzt sollen andere vorangehen. Doch nicht immer ist dabei die Haltung das Loslassen, um anderen Raum zu geben. Und die Stimmung ist nicht von innerer Freiheit und Freude an dem Tun der Jungen geprägt, sondern von Bitterkeit und Müdigkeit. Man hat sich lange genug eingesetzt. Jetzt ist man müde geworden. Die Müdigkeit stellt alles in Frage. Sie stellt mein Leben in Frage. Habe ich richtig gelebt? Hat es sich gelohnt, dieses Leben zu leben, auf vieles zu verzichten, sich für die anderen und für die eigenen Ziele einzusetzen? Was ist daraus geworden? Bleibt die Frucht meines Lebens oder verblüht sie schnell?

Manchmal ist die Müdigkeit, die einen überfällt, auch der Beginn einer inneren Wandlung. So hat Hermann Hesse die Müdigkeit von Siddhartha beschrieben. Nachdem er das Leben mit all seinen Verlockungen erlebt hatte, kam er an den Fluss, über den ihn vor zwanzig Jahren ein Fährmann geführt hatte:

> An diesem Flusse machte er halt, blieb zögernd beim Ufer stehen. Müdigkeit und Hunger hatten ihn geschwächt, und wozu auch sollte er weitergehen, wohin denn, zu welchem Ziel? Nein, es

> gab keine Ziele mehr, es gab nichts mehr als die tiefe leidvolle Sehnsucht, diesen ganzen wüsten Traum von sich zu schütteln, diesen schalen Wein von sich zu speien, diesem jämmerlichen und schmachvollen Leben ein Ende zu machen.
>
> Hesse, Siddhartha 72

Müde seines Lebens, enttäuscht von sich selbst, wollte Siddhartha sich am liebsten in den Fluss stürzen, um zu sterben.

> Da zuckte aus entlegenen Bezirken seiner Seele, aus Vergangenheiten seines ermüdeten Lebens her ein Klang. Es war ein Wort, eine Silbe, die er ohne Gedanken mit lallender Stimme vor sich hin sprach, das alte Anfangswort und Schlusswort aller brahmanischen Gebete, das heilige »Om«, das so viel bedeutet wie »das Vollkommene« oder »die Vollendung«. Und im Augenblick, da der Klang »Om« Siddharthas Ohr berührte, erwachte sein entschlummerter Geist plötzlich, und er erkannte die Torheit seines Tuns.
>
> Hesse, Siddhartha 73

Die Müdigkeit wurde also für Siddhartha der Augenblick seiner Erleuchtung. Es war eine Müdigkeit, die ihn offen machte für Gott, aber auch offen für die Menschen. Jetzt erhob er sich innerlich nicht über die Menschen, wie er es vorher in seinem Mönchsleben getan hatte. Jetzt fühlte er sich mit allen eins, auch mit den »Kindermenschen«, die er früher verachtet hatte:

> Er fühlte sich wie sie. Obwohl er nahe der Vollendung war und an seiner letzten Wunde trug, schien ihm doch, diese Kindermenschen seien seine Brüder, ihre Eitelkeiten, Begehrlichkeiten und Lächerlichkeiten verloren das Lächerliche für ihn, wurden begreiflich, wurden liebenswert, wurden ihm sogar verehrungswürdig.
>
> Hesse, Siddhartha 104

Die Müdigkeit hatte Siddhartha für Gott und für die Menschen geöffnet und ihm ein tiefes Gefühl von Einheit mit allem geschenkt, was ist.

Es gibt die Müdigkeit mit mir selbst und mit meinem Leben. Es gibt aber auch nur Zeiten, in denen ich müde bin. Ein Mitbruder erzählte, dass er nach dem Mittagessen eine Phase der Müdigkeit habe. Dann lässt schon sein Gang die Müdigkeit erkennen. Er ist in sich versunken, geht gebeugt herum. Der Kaffee richtet ihn dann wieder auf. Dann geht er aufrecht und mit neuer Lust an die Arbeit. Es gibt in uns allen solche Phasen, in denen wir uns müde fühlen. Beim einen sind es täglich bestimmte Stunden, in denen er sich müde fühlt. Beim anderen sind es Tage, an denen er keinen inneren Schwung hat. Wichtig ist, dass ich diese Phasen der Müdigkeit wahrnehme und nicht überspringe. Je mehr ich sie überspringe, desto größer ist die Gefahr, dass die Müdigkeit zu einer Dauerhaltung wird. Weil wir gegen die Müdigkeit ankämpfen, weil wir sie nach außen hin nicht zeigen und vor uns selbst nicht zugeben wollen, wird sie immer mächtiger in uns und beginnt uns mehr und mehr zu bestimmen.

Es kommt immer darauf an, wie ich auf die Gefühle des Müdeseins reagiere. Ich kann sie überspringen. Dann wachsen sie sich aus zur inneren Bitterkeit. Und sie führen dazu, dass ich nur noch so dahinlebe. Ich gebe meine Ideale auf, werde zynisch und sarkastisch, wenn junge Menschen noch Ideale haben. Von mir geht nichts Aufbauendes aus, auch keine Weisheit, sondern eher Verneinung und Verbitterung.

Die Müdigkeit hat dazu geführt, dass ich einfach nur noch dahinlebe, innerlich tot, wie C. G. Jung das bei vielen Alten beobachtet hat. Sie haben die innere Wandlung verpasst und kleben an der Vergangenheit, die sie verherrlichen. Aber sie sind müde geworden. Von ihnen geht nichts mehr aus, das die Menschen um sie herum befruchtet. In einer Gemeinschaft können solche desillusionierten und zynisch gewordenen Menschen die Atmosphäre vergiften. Umso wichtiger ist es, dass wir den richtigen Umgang mit der Müdigkeit lernen, die in jedem Leben auftritt.

Müde Menschen haben ihre Leidenschaft verloren. Von ihnen geht nichts mehr aus. Sie tun zwar viel, aber ohne Leidenschaft. Der Dirigent Enoch zu Guttenberg meinte auf die Frage nach der Arbeit seines Sohnes als Verteidigungsminister:

> Mir tut jeder Mensch leid, der keine Leidenschaft hat.
>
> Psychologie heute, Februar 2010, 31

Ohne Leidenschaft geht von uns nichts aus. Wer ohne Leidenschaft für seine Arbeit ist, der kreist dann häufig um sich selbst und um seine Gesundheit. Sein Leben kommt nicht zum Fließen. Vor lauter Müdigkeit bleibt er bei seinen eigenen Gefühlen hängen und wird zum Hypochonder, der von einem Arzt zum anderen geht und doch keine wirkliche Heilung findet. Er hat seine Leidenschaft verloren. Statt sich leidenschaftlich für etwas einzusetzen, leidet er lieber an sich selbst.

Ein Phänomen, das mich immer wieder erschreckt, ist die Müdigkeit junger Menschen. Immer wieder begegne ich jungen Menschen, die schon müde sind, bevor sie überhaupt anfangen zu arbeiten. Die Müdigkeit zeigt sich einmal in der Unentschlossenheit, was sie tun sollen. Sie brauchen lange, sich zu entscheiden. Immer wieder schieben sie die Entscheidung hinaus. Sie beginnen ein Studium. Doch es erfüllt nicht ihre Erwartungen. So fangen sie ein anderes Studium an. Sie zögern bei allem, was sie tun, und vor allem dort, wo sie sich festlegen sollten. Statt irgendwo anzupacken, bleiben sie im Unverbindlichen stecken.

Und wenn sie dann eine verantwortungsvolle Aufgabe bekommen haben, in der sie sich entfalten können, geht von ihnen nichts aus. Sie sorgen sich mehr um die Bedingungen, unter denen sie arbeiten sollen. Sie fordern Rechte ein, damit sie gut arbeiten können. Aber es geschieht nichts. Sie haben keine Leidenschaft. Und es fehlt ihnen die Aggressionskraft, dass sie etwas anpacken und zum Laufen bringen. Sie verbrauchen viel zu viel Energie für sich selbst. Und sie haben keine Vision. Sie wissen nicht, wohin sie wollen, was sie bewegen wollen. Sie wissen genau, was nicht geht und wie sie nicht arbeiten wollen. Aber was sie eigentlich möchten, das wissen sie nicht.

Von ihrer Struktur her sind es eher depressive als aggressive Typen. Sie gehen schon als junge Menschen nach innen, anstatt sich außen, in der Welt, zu bewähren. Sie verweigern den

Kampf, ohne den es keine Lebendigkeit gibt. Sie sind zu müde zum Kämpfen. Da könnten sie ja verletzt werden. So bleiben sie lieber in ihrer Müdigkeit hängen und kreisen um ihre Gesundheit und ihr Wohlergehen. Aber je mehr sie darum kreisen, desto unwohler fühlen sie sich. So entdecke ich zwei Gruppen von jungen Menschen: die einen, die sich engagieren und ihre ganze Kraft entfalten, die ihre Aufgabe besser erledigen wollen als ihre Vorgänger. Sie möchten diese Welt gestalten und menschlicher machen. Und dann gibt es die anderen, die müden Jungen, von denen nichts ausgeht, die zu sehr mit sich selbst beschäftigt sind, die ermüden im Prozess ihrer Selbstwerdung, die müde werden an ihrem erschöpften Selbst. Der Prophet Jesaja hat auch schon zu seiner Zeit solche müden Jungen erfahren. Er sieht die Ursache für diese Müdigkeit im mangelnden Vertrauen auf Gott:

> Die Jungen werden müde und matt, junge Männer stolpern und stürzen. Die aber, die dem Herrn vertrauen, schöpfen neue Kraft, sie bekommen Flügel wie Adler. Sie laufen und werden nicht müde, sie gehen und werden nicht matt.
>
> Jesaja 40,30f

Die Männer und Frauen, die schon in ihrer Jugend müde und matt sind, haben kein Vertrauen, weder Vertrauen ins Leben noch Vertrauen auf Gott. Der Blick nach oben richtet müde Menschen auf. Wenn ich auf Gott schaue, spüre ich in mir eine Kraft, die mich beflügelt. Sie strömt aus einer Quelle, die nicht versiegt, aus der Quelle des göttlichen Geistes, des Heiligen Geistes, wie Jesus diese Quelle nennt.

Die Ursachen der Müdigkeit

Bei den Arten der Müdigkeit habe ich schon Gründe und Ursachen genannt, warum jemand in der Firma, in der Kirche, in der Gesellschaft müde geworden ist.

In den folgenden Kapiteln soll nochmals systematisch gefragt werden, was denn in allen Bereichen die eigentlichen Ursachen für das Phänomen der Müdigkeit sind. Zunächst möchte ich das Symptom der chronischen Müdigkeit abgrenzen vom Burn-out. Der Arzt Markus Treichler meint:

> Entscheidend für die Diagnose eines chronischen Müdigkeitssyndroms ist es, dass diese Müdigkeit nicht durch irgendeine Art körperlicher oder seelischer Belastung oder Überanstrengung verursacht sein darf. Es darf auch keine andere körperliche oder seelische Krankheit als Ursache für die chronische Müdigkeit in Frage kommen.
>
> Treichler 43f

Treichler beschreibt die wesentlichen Symptome der chronischen Müdigkeit so:

> Ständige Müdigkeit und/oder leichte Ermüdbarkeit, die mindestens sechs Monate ununterbrochen andauert und:
>
> – nicht durch eine andere Krankheit erklärt werden kann,
> – neu aufgetreten ist,
> – nicht Folge einer chronischen Belastungssituation ist,
> – nicht deutlich durch Bettruhe zu beheben ist und
> – so ausgeprägt ist, dass die durchschnittliche Leistungsfähigkeit deutlich reduziert ist.
>
> Treichler 44f

Für Treichler sind die eigentlichen Ursachen für die chronische Müdigkeit weder rein medizinische noch rein psychologische Ursachen. Er meint, die chronische Müdigkeit hänge mit dem modernen Lebensstil unserer Zeit zusammen:

> Das chronische Müdigkeitssyndrom erscheint wie das Bild eines chronifizierten Überforderungsgefühls. Es erscheint dabei als eine sinnvolle individuelle, psychosomatische und biographische Gegensteuerung gegen die besinnungslose Schnelllebigkeit, der die Menschen mehr und mehr ausgesetzt sind.
>
> Treichler 44

Statt nach medizinischen Ursachen zu fragen, stellt er fest, dass die chronische Müdigkeit vielmehr körperliche Beschwerden hervorruft:

> Häufig klagen Patienten über wechselnde körperliche Beschwerden und Schmerzen, zum Beispiel Muskelschmerzen, Kopfschmerzen, Gelenkschmerzen, Pharyngitis, Halsschmerzen und Tinnitus. Sehr häufig besteht eine depressive Verstimmung. Die Patienten fühlen sich oft nicht ernstgenommen in ihrem Leiden, insbesondere dann, wenn die körperlichen Untersuchungen keine pathologischen Befunde ergeben und damit das Leiden der Patienten nicht erklären können.
>
> Treichler 45f

Auch wenn das chronische Müdigkeitssyndrom vor allem als Reaktion auf die Schnelllebigkeit unserer Zeit zu verstehen ist, sollten wir – sobald wir an uns eine länger dauernde Müdigkeit feststellen – zunächst nach medizinischen und psychischen Ursachen fragen.

Manchmal ist die Müdigkeit einfach durch medizinische Phänomene bedingt. Und dann ist es hilfreich, erst die medizinischen Defizite zu beheben, bevor man die psychische oder spirituelle Ebene anschaut.

Medizinische Ursachen

Es gibt zahlreiche Ursachen, warum wir müde sind. Bei den einen ist es die Überarbeitung, bei den anderen sind es physische Ursachen. Eine Grippe hat sie im Griff. Fieber macht einen schlapp. Man hat zu nichts mehr Lust oder Kraft. Oder aber sie leiden an Eisenmangel oder an Sauerstoffmangel oder anderen Mängeln.

Die Medizin kennt viele Gründe für das Müdesein. Der eine wird müde, weil er zu viel und zu fett isst. Viele werden müde, weil sie zu viel und zu lange sitzen und sich zu wenig bewegen. Gerade der Aufenthalt in klimatisierten Räumen kann müde machen, weil dem Körper zu viel Flüssigkeit entzogen wird.

Viele werden müde, weil sie ihren Biorhythmus nicht beachten. Jeder hat am Tag seine Phasen, in denen er wach ist und in denen er eher müde ist, wie etwa in der Zeit nach dem Mittagessen. Der frühe Nachmittag ist für viele eine Zeit, in der sie müder sind als am Vormittag. Im Laufe des Nachmittags legt sich dann oft die Müdigkeit, und die Leute werden wieder wacher. Es gibt auch die Müdigkeit, die auf gesundheitliche Probleme hinweist, etwa auf eine Infektion, auf Blutarmut, auf Diabetes oder Eisenmangel. Es ist gut, die Müdigkeit, die uns längere Zeit befällt, erst einmal medizinisch abzuklären. Wenn es medizinische Ursachen gibt, sollten wir sie auch medizinisch behandeln.

Eine Ursache, die zwischen medizinischen und psychologischen Gründen steht, ist die Schlaflosigkeit. Immer mehr Menschen leiden an Schlaflosigkeit oder Schlafstörungen. Manche haben Probleme einzuschlafen. Sie sind noch zu sehr mit dem Alltag beschäftigt. Sie können sich nicht in den Schlaf fallen lassen. Andere schlafen normal ein, aber dann wachen sie nach wenigen Stunden auf und bleiben die ganze Nacht wach liegen. Sie wälzen sich im Bett und ärgern sich, dass sie nicht schlafen können. Sie grübeln darüber nach, warum sie nicht schlafen können, und bekommen oft Angst, dass sie am nächsten Tag nicht erholt genug sind, um ihre Aufgaben erfüllen zu können.

Schlafen kann man nicht erzwingen. Da helfen Methoden wie Disziplin, sich selbst antreiben und motivieren, die bei der Arbeit sinnvoll sind, nicht weiter. Für den Schlaf ist eine andere Haltung gefragt: das Sich-Loslassen. Doch das fällt vielen Menschen schwer. Sie meinen, sich immer im Griff haben zu müssen, sie müssten alles kontrollieren. Gegen die Schlaflosigkeit zu kämpfen hilft nicht weiter. Es kann nur darum gehen, sich mit seiner Schlaflosigkeit in Gottes Arme zu ergeben. Wenn ich mich nicht hin und her wälze, sondern einfach in Gottes Arme ergebe, dann wird die Zeit der Nacht doch zu einer gesegneten Zeit werden.

Ich kann die Zeit zum Beten oder Meditieren nutzen. Dann werde ich am nächsten Morgen gut erholt sein, auch wenn ich nicht durchgeschlafen habe. Oder ich kann die Zeit der Schlaflosigkeit nutzen, wirklich darüber nachzudenken, was mich bewegt. Vielleicht möchte Gott in dieser Zeit zu mir reden und mich auf das hinweisen, was ich tagsüber übersehen und vernachlässigt habe.

Wenn ich die Zeit der Schlaflosigkeit auf diese Weise nutze, ist sie keine verlorene Zeit. Doch viele, die vom Leistungsprinzip getrieben sind, meinen, sie seien nur erholt, wenn sie so und so viele Stunden geschlafen haben. Je mehr sie auf die Stunden ihres Schlafes fixiert sind, desto müder sind sie am nächsten Tag. Und diese Müdigkeit wird immer mehr zur Niedergeschlagenheit.

Für die Schlaflosigkeit gibt es manchmal auch medizinische oder psychologische Gründe. Manchmal zeigt die Schlaflosigkeit den Beginn einer Depression. Oder es gibt die neurotische Unruhe, die einen nicht mehr schlafen lässt. Menschen werden von den Problemen ihrer Umwelt so erfasst, dass sie sich davon nicht distanzieren können. Sie grübeln ständig über die Worte nach, die ihre Kollegen bei der Arbeit zu ihnen gesagt haben.

Manisch-depressive Menschen können in ihrer manischen Phase gar nicht schlafen. In diesem Fall kann eine Zeitlang eine Tablette durchaus helfen. Doch auf Dauer sollte man nicht mit Tabletten schlafen. Sonst gewöhnt sich der Körper daran. Und man übt eine wichtige Haltung nicht ein, die der Schlaf vom Menschen verlangt: das Loslassen, das Sich-Anvertrauen, das Sich-Bergen in Gottes Hände. Viele kommen aus dem Teufelskreis der Schlaflosigkeit und permanenter Müdigkeit und Niedergeschlagenheit nicht mehr heraus. Sie fühlen sich den Aufgaben des Tages nicht gewachsen. Sie haben das Vertrauen in den Körper, der sich normalerweise schon den Schlaf holt, den er braucht, verloren. Und sie haben das Vertrauen in sich selbst verloren.

Diese Menschen geraten oft in Panik, dass sie ihre Arbeit nicht schaffen. Das Phänomen Schlaflosigkeit und Müdigkeit hält sie so sehr im Griff, dass sie davon immer niedergeschlagener werden und das Gefühl haben, ihr Leben nicht meistern zu können.

Eine wichtige Hilfe bei Schlaflosigkeit ist das Ritual des Abendgebetes. Es kann ein Gebet sein oder auch eine Gebärde. Das Abendritual schließt die Tür des Tages, um die Tür der Nacht zu öffnen. Ich kann zum Beispiel die Hände Gott hinhalten und in meinen Händen den Tag Gott übergeben. Ich verzichte dann darauf, was am Tag war, zu bewerten. Ich überlasse den Tag Gott. Ich lasse ihn los, um mich dann im Schlaf in Gottes gute Hände hineinfallen zu lassen und mich darin zu bergen.

Oder ich schließe die Tür, indem ich die Hände über der Brust kreuze. Ich stelle mir vor, dass da in mir ein Raum der Stille ist, zu dem die Probleme des Tages, die unerledigten Dinge, die Menschen, die etwas von mir wollen oder die mich verletzen, keinen Zutritt haben. Wir brauchen eine Zäsur zwischen Wachen und Schlafen, damit der Schlaf gelingt. Natürlich ist das Abendritual keine Garantie, dass der Schlaf gelingt. Aber es hilft auf jeden Fall, den Tag in einer guten Weise zu beschließen und sich so mit gutem Gewissen dem Schlaf und im Schlaf Gott zu überlassen.

Psychische Ursachen

Lebensmuster

Neben den medizinischen Ursachen gibt es auch viele psychische Ursachen für die Müdigkeit. Bei den einen sind es Belastungen durch schwere Schicksalsschläge, bei anderen sind es zwischenmenschliche Beziehungen, die sich schwierig gestalten. Oft spielen die eigenen Lebensmuster eine große Rolle, die uns die Energie rauben und uns müde machen.

Da setzt sich einer bei allem, was er tut, unter Druck. Er setzt sich vor seinem eigenen inneren Über-Ich unter Druck. Er meint, er müsse die Arbeit in einer bestimmten Zeit erledigen, und er müsse sie besonders gut machen. Und er setzt sich im Blick auf die Kollegen oder auf den Chef unter Druck. Er möchte gut vor den anderen dastehen. Er möchte sich keine Blöße geben. Er möchte beweisen, dass er belastbar ist, dass er viel arbeiten kann. Eine Frau erzählte mir, sie setze sich sogar beim Bügeln unter Druck. Sie möchte sich jedes Mal beweisen, dass sie es noch schneller erledigen kann. Andere setzen sich unter Druck, weil sie alles, was sie tun, bewerten und benoten. Das Benotetwerden in der Schule hat sich so in ihre Seele eingeprägt, dass sie sich bei allem sofort eine Note geben. Und sie strengen sich an, dass sie eine gute Note von ihrem inneren Lehrer bekommen.

Der andere ist Perfektionist. Für ihn ist nichts gut genug. Er möchte jede Aufgabe perfekt und ohne jeden Fehler erledigen. Doch das erfordert viel Energie. Seine Energie fließt nicht weiter. Sie stockt, weil er ständig kontrollieren muss, ob er auch alles fehlerlos macht. Manchmal hat dieser Perfektionismus auch zwanghafte Züge. Statt eine Aufgabe fertigzustellen, kontrolliert er die alte. Und weil sie nicht gut genug ist, fängt er nochmals von vorne an. So bringt er nicht viel zustande. Und er verbraucht sehr viel Energie für sich selbst. Hier gilt das Wort Jesu:

> Keiner, der die Hand an den Pflug gelegt hat und nochmals zurückblickt, taugt für das Reich Gottes.
>
> Lukas 9,62

Wer bei allem, was er tut, zurückschaut, um zu beurteilen, ob die Furche gerade oder ungerade geworden ist, der verbraucht viel zu viel Energie. Er wird müde. In ihm kann Gott nicht herrschen. Wenn Gott in uns herrscht, wenn das Reich Gottes in uns ist, dann fließt das Leben. Dann sind wir frei, uns auf das einzulassen, was wir gerade tun. Wer jedoch bei allem zurückblickt und beurteilt, ob es perfekt ist, der ist gefangen von seinen eigenen Maßstäben. Im Leben dieses Menschen kann Gott nicht herrschen. Und sein Leben kommt nicht zum Fließen.

Andere verbrauchen zu viel Energie, weil sie nach außen hin eine perfekte Fassade aufrechterhalten wollen. Eine Frau sagte mir: »Ich kann nicht in die Stille gehen. Da geht ein Vulkan in mir hoch.« Wenn ich mit diesem inneren Bild in die Arbeit oder in die Begegnung mit Menschen gehe, dann verbrauche ich sehr viel Energie, um den Vulkan ständig unter Verschluss zu halten. Diese Energie fehlt mir dann bei der Arbeit. Es gibt zu viele Reibungsverluste. Man könnte sagen: Viele Menschen fahren mit angezogener Handbremse herum. Da wird auch zu viel Energie verschwendet. Die nutzlos verbrauchte Energie macht mich müde. Ich verschwende zu viel Energie, um eine Fassade zu errichten. Da bleibt zu wenig Kraft, um das innere Haus zu bauen. Ich verbrauche dann für meine alltägliche Arbeit viel zu viel seelische und oft auch körperliche Kraft.

Falsche Selbstbilder

Der schon zitierte Arzt Markus Treichler erzählt von einer neunzehnjährigen Schülerin, die unter chronischer Müdigkeit litt. Sie zeigte sich in nachlassender Konzentrationsfähigkeit und zunehmender Ungeduld. Das wiederum führte zu Interesselosigkeit, Inaktivität und zu einem starken Leistungsabfall in der Schule. Dieses Mädchen war früher sehr aktiv, fleißig und unternehmensfreudig. Aber ihr Selbstbild war geprägt von dem Anspruch: Ich will es allen recht machen, vor allen gut dastehen, um überall beliebt zu sein und mit allen in Harmonie zu leben.

> Als ihr Harmoniebedürfnis schließlich nicht mehr erfüllbar war und sie spürte, dass alle ihre Anstrengungen nicht mehr ausreichten, dieses (ihr selbst unbewusste) Ziel zu erreichen, kam die große chronische Müdigkeit über sie.
>
> Treichler 47f

Durch ihre chronische Müdigkeit konnte sie immer weniger erreichen, was ihr eigentliches Ziel war. Doch ihr Müdesein war auch eine Chance. Sie spürte, dass sie so nicht weitermachen kann. Sie muss ihr Selbstbild und ihr Selbstverständnis ändern. Sie kann nicht mehr mit dem Bild leben, es allen recht machen zu wollen. Die chronische Müdigkeit wurde so für sie zu einer

> Rückzugschance, um den Raum und die Zeit für die notwendige Selbstbesinnung zu finden.
>
> Treichler 48

Falsche Selbstbilder sind häufig die Ursache für die Müdigkeit. Bei dem Mädchen war es das Selbstbild, es allen recht machen zu wollen. Bei einem anderen ist es das Selbstbild, dass er alles im Griff haben und kontrollieren muss. Er muss seine Gefühle kontrollieren. Er kontrolliert seine Beziehungen, macht sich ständig Gedanken, was seine Partnerin oder ihr Partner gerade tut und ob er oder sie treu ist. All dieses misstrauische Kontrollieren führt dazu, dass er ständig über eventuelle Möglichkeiten nachdenkt, was ein Mitarbeiter alles im Schilde führen könnte, was den Kindern alles passieren könnte oder was der Ehepartner gerade denkt.

Andere Menschen verbrauchen zu viel Energie, weil sie stets darüber nachdenken, was andere sich für Gedanken über sie machen könnten. Sie denken sich aus, was wohl die anderen jetzt über sie denken. Bevor sie etwas sagen, fragen sie sich, welche Gedanken und Urteile das bei anderen auslösen könnte. Mit solchen Gedanken ermüden sie sich selbst. Jede Begegnung, jedes Gespräch wird anstrengend und kostet viel Energie. Irgendwann ist man dann müde und meidet Begegnungen und Gespräche. Man zieht sich in seine Müdigkeit zurück und schließt sich letztlich vom Leben aus.

Falsche Sorge

Andere werden innerlich müde, weil sie zu sehr um sich und ihr Wohlergehen kreisen. Sie haben Angst, sich auf die Arbeit oder auf Menschen einzulassen. Sie haben Angst, dass ihnen etwas über den Kopf wachsen könnte. Aus lauter Angst grenzen sie sich ständig ab. Doch das führt nicht zu einem Gefühl innerer Freiheit und Weite, sondern in eine Enge, die unfruchtbar ist. Und die Unfruchtbarkeit macht unzufrieden und müde.

Solche Menschen sorgen für sich selbst. Aber diese Sorge befreit sie nicht zu einem guten Leben, sondern führt zu einem Kreisen um sich selbst. Sie fühlen sich bei jeder Herausforderung von außen schon müde. Sie verbrauchen alle Energie für sich selbst. Jeder Anspruch, der von außen kommt, macht ihnen Angst, sie könnten damit überfordert werden, sie könnten aus ihrem eigenen Rhythmus herausgerissen werden.

Auf diese Weise sind oft schon junge Menschen müde. Ich erlebe in letzter Zeit viele junge Menschen, die schon bevor sie überhaupt anfangen zu arbeiten, müde sind. Sie haben Angst, sie könnten das, was sie für ihr Wohlergehen brauchen, einmal nicht haben, sie müssten sich befreien von all den Bedürfnissen, die sie für sich selbst als notwendig deklarieren. Es tut mir richtig weh, wenn ich junge Menschen sehe, die müde sind und ohne Schwung, etwas anzupacken. Gott sei Dank gibt es genügend andere junge Menschen, die vor Ehrgeiz brennen, etwas zu tun und zu gestalten. Sie haben die nötige Leidenschaft, die der Mensch braucht, damit sein Leben Frucht bringt.

Resignation

In der geistlichen Begleitung treffe ich auf Menschen, die mit siebzig Jahren noch quicklebendig sind und voller Ideen, was sie aus ihrem Leben machen. Aber ich begegne auch Männern und Frauen, die mit fünfundfünzig Jahren einen müden Eindruck machen. Sie vermitteln mir das Gefühl, dass ich einem alten Mann und einer alten Frau gegenübersitze, von denen nichts mehr zu erwarten ist. Sie wirken abgeschafft und verbraucht.

Doch wenn ich nach ihrer Lebensgeschichte frage, dann sind sie nicht verbraucht, weil sie zu viel gearbeitet haben, sondern weil sie müde geworden sind, weil sie keine Leidenschaft mehr haben, weil sie resigniert sind. Alles, was sie gemacht haben, haben sie nicht mit Leidenschaft getan, sondern weil es halt so dran war. Sie haben es mitgemacht, aber sie waren nicht voll dabei.

Im Grunde haben sie sich eher geschont und sind doch jetzt müde, sodass man von ihnen nichts mehr erwarten kann. Wenn ich mich nach den Ursachen dieser Müdigkeit frage, dann stoße ich oft auf das Fehlen von Leidenschaft und auf die Weigerung, sich für etwas begeistern zu können. Ich muss dann immer an das Jesuswort denken:

> Wer sein Leben retten will, wird es verlieren; wer aber sein Leben um meinetwillen und um des Evangeliums willen verliert, wird es retten.
>
> Markus 8,35

Wer sein Leben, seine Energie, seine Seele bewahren will, damit sie ja nicht überfordert werden, der verliert seine Lebendigkeit und seine Kraft. Ja, er verliert auch – so steht es im griechischen Text – seine »psyche«, seine Seele. Er kommt nicht in Berührung mit seiner Seele. Vor lauter Bewahren und Sich-selbst-retten-Wollen, verliert er sich selbst und lebt an sich selbst vorbei. Nur der, der sich hingibt, der sich einlässt auf das Werk Jesu, auf die Verkündigung seines Evangeliums – oder allgemeiner ausgedrückt: auf ein Projekt, für das er sich begeistert –, der gewinnt sich selbst. Er kommt in Berührung mit seiner Seele und mit der Energie, die in ihr steckt.

Leben gegen den eigenen Rhythmus

Für mich ist ein häufiger Grund für chronische Müdigkeit das ständige Leben gegen den eigenen inneren Rhythmus. Jeder Mensch hat einen Biorhythmus. Wenn ich beständig gegen meinen Biorhythmus lebe, dann verliere ich alle Kraft. Dann fühle ich mich müde.

C. G. Jung hat schon festgestellt, dass der, der im Rhythmus der Natur und in seinem eigenen Rhythmus arbeitet, mehr und effektiver arbeitet als der, der seinen Rhythmus vernachlässigt. Gegen seinen Rhythmus arbeiten heißt letztlich: gegen die eigene Natur arbeiten. Und das reibt sie auf. Es kostet viel Energie und führt letztlich dazu, dass man völlig erschöpft wird. Der Rhythmus der Natur regeneriert die eigene Natur. Der Rhythmus unserer Seele und unseres Leibes führt dazu, dass wir immer wieder neu mit der Quelle in Berührung kommen, aus der wir schöpfen. Wer gegen den Rhythmus arbeitet, der schneidet sich ab von seinen inneren Quellen. Ich erlebe oft Menschen, die meinen, sie könnten nur nach der Uhr leben. Hauptsache, sie arbeiten lange genug, ganz gleich, wann sie arbeiten. Doch sie vergewaltigen sich selbst. Sie achten nicht auf ihren inneren Rhythmus und reiben sich auf diese Weise auf.

Systemische Ursachen

In der Burn-out-Forschung werden viele Ursachen für die Müdigkeit genannt. Da spricht man von »Erschöpfung der eigenen körperlichen und seelischen Reserven« (Kernen 17), vom »Verlust an

Energie und Engagement durch fortschreitende Desillusionierung« (ebd. 18) oder vom Verlust körperlicher, geistiger und emotionaler Kräfte durch emotionalen Stress. Der Grund dieser Erschöpfung liegt nicht nur in der Struktur des Einzelnen, sondern oft in der Struktur des Systems, in dem er arbeitet.

Viele werden müde, weil die äußeren Verhältnisse ihnen die Möglichkeit nehmen, die Welt mitzugestalten. Sie können die Firma nicht gestalten. Sie fühlen sich in der Familie hilflos, und sie haben den Eindruck, dass sie auch politisch nichts bewegen können. Diese Erfahrung von Ohnmacht und von Fremdbestimmtsein, von Ausgesetztsein fremden Mächten gegenüber führt in die Müdigkeit. Man hat dann keine Lust mehr weiterzukämpfen. Es hat ja alles keinen Sinn mehr. Ich kann mich einsetzen und alle Kraft für ein Projekt aufbringen. Doch wenn ich nicht mitbestimmen kann, wenn ich einfach der Willkür irgendwelcher Vorgesetzter ausgesetzt bin, dann verliere ich meine Kraft. Dann werde ich müde.

Das geschieht in vielen Firmen. Viele Mitarbeiter haben den Eindruck, dass sie nicht mit entscheiden können. Ihre Meinung ist nicht gefragt. Sie müssen nur funktionieren. Doch wenn das Ziel des Ganzen nicht klar ist, wird man in der Arbeit müde. Das geschieht auch in der Kirche. Viele Pfarrer vertreten eine bestimmte Meinung zu moralischen Fragen. Aber sie wissen, dass sie die offizielle kirchliche Sexualmoral nicht ändern können. Sie möchten eine Gemeinde nach ihren Vorstellungen formen. Aber sie geraten an die Grenze der Bestimmungen von oben.

Eine Führungskraft bei der Caritas hatte zum Beispiel zunehmend Probleme damit, dass sie ihren Untergebenen etwas vermitteln musste, von dem sie gar nicht überzeugt war. Sie kann versuchen, sich von den Vorgaben von oben zu befreien und ihrem Gewissen zu folgen. Aber dann gerät sie immer wieder in Konflikte. Sie muss sich selber für ihr Verhalten rechtfertigen. Das macht sie allmählich müde. Sie will sich nicht verbiegen lassen. Aber sie hat auch nicht die Kraft, immer aufrecht und klar für das zu kämpfen, wovon sie überzeugt ist.

Ein anderer systemischer Grund für die Müdigkeit ist die Sinnlosigkeit unseres Tuns. Wir erkennen nicht, wofür unsere Arbeit gut sein soll, wem sie wirklich nützt. Das gilt nicht nur für die Produkte der Firma, für die ich arbeite, sondern vor allem für das konkrete Tun. Wenn ich nur unsinnige Mails beantworten muss, die der Eitelkeit des Chefs dienen, dann werde ich in diesem sinnlosen Tun müde. Die Sinnlosigkeit raubt uns die innere Spannkraft. Wer lange in einer Firma arbeitet, in der ihm die Sinnhaftigkeit der Arbeit verborgen bleibt, der wird müde. Wenn wir einen Sinn in unserer Arbeit und in unserem Leben sehen, dann sind wir motiviert, uns einzusetzen und an uns zu arbeiten.

Das Problem in vielen Firmen ist heute, dass sie fremdgesteuert sind. Da hat ein Familienbetrieb eine eigene Firmenkultur aufgebaut. Die Mitarbeiter waren motiviert und haben sehr gut gearbeitet. Doch dann wird die Firma an einen größeren Konkurrenten verkauft, der auf einmal eine neue Kultur bestimmt. Und manchmal hat man den Eindruck, dass da oft Rachegefühle dem kleineren Konkurrenten gegenüber mitspielen. Alles muss nun protokolliert werden. Anstatt zu arbeiten und neue Wege zu entwickeln, werden die Mitarbeiter gezwungen, überall nur Listen auszufüllen und alle Gespräche und Handlungen zu protokollieren. Solche unsinnigen Anweisungen rauben den Mitarbeitern den Elan. Irgendwann werden sie müde. Ihre Müdigkeit ist Ausdruck ihrer Resignation und ihrer Ohnmacht, sich gegen die Firmenleitung aufzulehnen, denn wenn sie sich auflehnen, wird ihre Firma von der Zentrale aufgelöst.

Diese externen Machtspiele, die die Mitarbeiter nicht beeinflussen können, sind heute in vielen Firmen der Grund der Müdigkeit. Doch auf diese Weise geht von den Firmen keine Innovation mehr aus und ihnen die Lebendigkeit verloren.

Ein Lehrer erzählte mir, wie kompliziert die Anschaffung von Geräten ist, die für den Unterricht notwendig sind. Da die Schule dem Landkreis gehört, muss der Physiklehrer Anträge an den Landkreis stellen. Bis das Geld für die Anschaffungen genehmigt wird, dauert es meistens über ein Jahr. Die Beamten im Landratsamt meinen, sie wüssten es besser, was die Schule braucht. Oder aber sie müssen sich ihrem Vorgesetzten gegenüber beweisen, indem sie jeden Antrag abändern. Solche bürokratischen Hindernisse, die völlig unsinnig sind, rauben dem Lehrer die Energie. In vielen Betrieben und Behörden geht durch unsinnige Bürokratie sehr viel Energie verloren. Manche müssen ihre Macht beweisen, indem sie den Fluss der Arbeit stoppen. Doch damit lähmen sie die Mitarbeiter und führen bei ihnen zu einem Gefühl der Müdigkeit. Es hat ja keinen Sinn, etwas zu bewegen, wenn es an den Schaltstellen nur Menschen gibt, die alles abbremsen möchten, um ihre eigene Wichtigkeit zu beweisen.

An-sich-Vorbeileben als Ursache der Müdigkeit

Eine weitere Ursache von Müdigkeit ist das Abgeschnittensein von seinen eigenen inneren Quellen. Man hat den Zugang zu seinen Ressourcen verloren und lebt nur im Blick auf die Aufgabe, die das Leben stellt. Dabei hat man die innere Quelle aus dem Auge verloren. Das laugt aus und macht müde. Viele haben den Eindruck, dass sie alles, was sie sich vornehmen, mit dem eigenen Willen vollbringen können. Doch irgendwann spüren sie, dass der eigene Wille begrenzt ist. Sie brauchen eine innere Quelle, um daraus schöpfen zu können, sonst werden sie schnell erschöpft.

Für mich ist die Quelle, aus der ich schöpfe, die Quelle des Heiligen Geistes. Wenn ich aus dieser Quelle schöpfe, dann fließt das Leben. Dann werde ich nicht so leicht erschöpft. Denn diese Quelle ist göttlich und daher unerschöpflich. Ich werde dann, wenn ich viel gearbeitet habe, vielleicht durchaus redlich müde. Aber das ist eine gute Müdigkeit, in der ich mich eins fühle mit mir selbst. Richtige Erschöpfung jedoch zeigt mir, dass ich aus trüben Quellen geschöpft habe, aus der Quelle des eigenen Ehrgeizes, aus der Quelle krank machender Lebensmuster oder aus der Quelle der Bestätigung durch andere.

Viele Menschen benoten sich, wie erwähnt, bei allem, was sie tun. Sie stehen immer noch gleichsam in der Schule. Nicht irgendwelche Lehrer von außen benoten ihr Tun heute, sondern ihr innerer Lehrer. Und sie haben das Gefühl, dass sie nie gut genug sind. Statt sich auf die Arbeit einzulassen, verbrauchen sie viel Energie, um ihre Gedanken und ihre Handlungen zu benoten und zu bewerten.

Wir brauchen die inneren Quellen, in denen Gottes Geist in uns strömt. Und wir brauchen gesunde Wurzeln. Ein Baum, der von seinen Wurzeln abgeschnitten ist, verdorrt. Oft sind wir von unseren Wurzeln abgeschnitten. Wir leben nicht aus den Wurzeln, die uns die Eltern, Großeltern und Urgroßeltern mitgegeben haben. Wir haben uns abgeschnitten und schauen nur auf das, was heute von uns erwartet oder an Methoden der Lebensbewältigung verkündet wird. Da ist es gut, sich auf die Wurzeln zu besinnen.

Diese Wurzeln lernen wir kennen, wenn wir uns fragen: »Mit welcher Einstellung haben meine Vorfahren ihr Leben bewältigt? Was waren typische Sätze, mit denen sie schwierige Situationen kommentiert haben?« Unser früherer Münsterschwarzacher Abt Burkard Utz, der die Abtei durch die schwierige Situation der Nazizeit und der Nachkriegszeit führte, hat bei allen Schwierigkeiten, die auf ihn zukamen, gesagt: »Wie's kommt, wird's g'fressen.« Statt zu jammern, hat er die Dinge angepackt und sich den Problemen gestellt. Ein junger Mann erzählte mir, dass sein Vater, ein Landwirt, bei allem Schweren gesagt hat: »In Gottes Namen!« Wenn wir aus der Weisheit und der Lebenseinstellung unserer Vorfahren leben, zieht unser Lebensbaum genügend Kraft aus den Wurzeln und kann auch heute seelische Dürrezeiten gut überstehen.

Ein anderer Grund für die chronische Müdigkeit ist, dass ich an dem Bild vorbeilebe, das Gott sich von mir gemacht hat. Ich kann auch sagen: dass ich an dem Lebenstraum vorbeilebe, in dem das Bild Gottes sich in mir konkretisiert. Wir haben als Kind oft einen Lebenstraum. Wir waren begeistert von einem bestimmten Beruf. Wir haben leidenschaftlich gerne und ohne zu ermüden bestimmte Spiele gespielt oder etwas gebastelt oder gestaltet.

Eine Frau richtete als Kind leidenschaftlich gerne auf dem Dachboden Zimmer ein. Etwas einrichten, etwas gestalten, das wurde für sie zum Lebenstraum, den sie konkret in ihrer Arbeit als Gemeindereferentin verwirklichen konnte. Sie hat sich nicht zufriedengegeben, das zu tun, was man ihr vorschrieb. Ihre Leidenschaft war, etwas zu gestalten. Das bezog sich auf die Gemeinde, in der sie einen Raum schuf, in dem sich die Menschen wohl fühlten und in der alles zueinanderpasst. Das galt auch für ihre Einzelseelsorge. In ihr wollte sie das, was die Menschen ihr im Gespräch anboten, so gestalten, dass daraus ein Raum entstand, in dem die Menschen sich bergen konnten, in dem sie daheim waren, in dem sie ganz sie selbst sein durften.

Viele Menschen verlieren im Laufe ihres Lebens ihren Lebenstraum aus den Augen. Sie müssen schon früh die Erwartungen der Eltern erfüllen. Oder sie übernehmen die Vorstellungen, die andere ihnen von ihrem Leben aufgedrängt haben. Wenn sie an ihrem eigenen Selbstbild, an dem ursprünglichen Bild Gottes von ihnen, vorbeileben, dann kostet das viel Energie. Sie haben keine Energie, dieses fremde Bild zu erfüllen. Eine Zeitlang geht das gut. Aber irgendwann fühlen sie sich müde. Die Müdigkeit ist dann immer ein Anruf, genauer hinzusehen, welchem Bild ich gerade folge. Ist es das einmalige Bild, das Gott sich von mir gemacht hat? Oder ist es das Bild, das mir andere übergestülpt haben?

Die Müdigkeit ist dann auch hier eine Chance, in Einklang zu kommen mit meinem ursprünglichen und authentischen Bild, das meinem Wesen entspricht. Das Bild, das mir entspricht, entdecke ich, wenn ich in der Kindheit nachsehe, was mich damals fasziniert, begeistert und zu stundenlangem Spielen und Beschäftigen motiviert hat. Da, wo ich als Kind angesprungen bin, war etwas, was meinem wahren Wesen entsprach. Gehirnforscher meinen: Wenn ich mich als Kind für etwas begeistere, werden in meinem Gehirn neue Synapsen gebildet, neue Verbindungen, die meine Kraft und meine Kreativität fördern. Wir brauchen auch als Erwachsene die Begeisterungsfähigkeit, um voller Energie etwas tun zu können. Kinder, die sich für etwas begeistern können, die alles neugierig erforschen wollen, werden nicht so leicht müde. Andere Kinder, die nur alles passiv aufnehmen, was ihnen von anderen geboten wird, haben keinen inneren Schwung.

Eine junge Frau sollte den Betrieb ihres Vaters übernehmen. Sie hat Betriebswirtschaft studiert. Doch als der Vater ihr den Betrieb überschrieb, überkam sie eine innere Müdigkeit. Sie hatte während des Studiums großen Elan, den Betrieb zu übernehmen. Doch jetzt machte sich Müdigkeit in ihr breit. Im Gespräch mit ihr ging es darum, zu fragen, ob sie mit dieser Firma wirklich ihren Lebenstraum erfüllt oder ob sie nur die Wünsche des Vaters zufriedenstellt. Sie kam im Gespräch mit ihrem Lebenstraum in Berührung, etwas zu bewegen. Und da erkannte sie auch, dass sie durchaus etwas bewegen konnte mit der Firma des Vaters. Aber sie musste ihren eigenen Bildern folgen und nicht den Erwartungen des Vaters. Wenn sie mit dem Bild »ich kann etwas bewegen in dieser Welt« in die Firma geht, dann bekommt sie Lust, den Betrieb zu führen. Aber sie muss sich frei machen von den Vorstellungen, die ihr Vater von der Führung dieses Betriebes hat. Nur wenn sie dem eigenen inneren Bild folgt, verfliegt die Müdigkeit, und sie kommt mit ihrer eigenen Kraft in Berührung.

In der Gehirnforschung hat man festgestellt, dass der Mensch an Kraft verliert, wenn er in seiner Seele keine Bilder mehr vorfindet, die ihn motivieren und die in seinem Gehirn neue Verschaltungen hervorrufen. Daher ist es immer wieder wichtig, auf seine inneren Bilder zu schauen, ob sie mich lähmen oder herausfordern, ob sie mich lebendig machen oder müde. Von den Bildern hängt ab, ob wir uns den Herausforderungen unseres Lebens stellen oder ob wir in uns keine Möglichkeit sehen, darauf aktiv zu reagieren. Dann geraten wir in die Passivität. Dann verlässt uns die eigene Kraft, und wir fühlen uns müde. Der Hirnforscher Gerald Hüther schreibt:

> Es gibt innere Bilder, die Menschen dazu bringen, sich immer wieder zu öffnen, Neues zu entdecken und gemeinsam mit anderen nach Lösungen zu suchen. Es gibt aber auch innere Bilder, die Angst machen und einen Menschen zwingen, sich vor der Welt zu verschließen. Es gibt Bilder, aus denen Menschen Mut, Ausdauer und Zuversicht schöpfen, und es gibt solche, die Menschen in Hoffnungslosigkeit, Resignation und Verzweiflung stürzen lassen.
>
> Hüther, Macht der inneren Bilder 9

Statt nur auf unsere Müdigkeit zu schauen, sollen wir nach den Bildern fragen, von denen wir uns leiten lassen. Haben wir in uns Bilder, die uns lähmen? Oder aber tragen wir Bilder in uns, die unsere Lust an der Entdeckung der Welt und unsere eigenen Gestaltungsmöglichkeiten fördern? (Vgl. Hüther 30)

Die Gehirnforschung zeigt uns also, dass es auf die inneren Bilder ankommt, ob wir müde sind oder Kraft und Lust haben, uns zu engagieren. Oft genug haben sich die Bilder in uns unbewusst eingeprägt. Wir haben die Bilder unserer »Vorbilder« in uns eingebildet. Manchmal haben uns diese Bilder motiviert, manchmal haben sie uns aber auch das Vertrauen und die Lust am Gestalten dieser Welt geraubt. Dann ist es wichtig, dass wir uns von diesen lähmenden Bildern befreien, um uns gute Bilder einzubilden. Für Platon besteht ja die Bildung darin, dass wir uns gute Bilder einbilden, dass wir uns letztlich das göttliche Bild einbilden, das einmalige Bild, das Gott sich von uns gemacht hat.

Der Umgang mit der Müdigkeit

Das Thema der Müdigkeit begegnet uns schon in der Bibel und immer wieder auch in der spirituellen Tradition. Sowohl die Bibel als auch die geistlichen Autoren beschreiben nicht nur das Phänomen der Müdigkeit, sondern zeigen uns auch Wege auf, wie wir damit umgehen sollen.

Ich möchte von diesen Quellen unseres Glaubens ausgehen, um für uns heute Wege zu entdecken, wie wir in unserem konkreten Alltag mit dem Phänomen der Müdigkeit umgehen sollen.

Die Erfahrung der Müdigkeit in der Bibel

Die Müdigkeit Jesu

Von Jesus selbst erzählt uns der Evangelist Markus, dass er seiner Jünger müde geworden ist:

Jesus kommt gerade vom Berg der Verklärung herab. Da kommen ihm schon die Leute in großer Erregung entgegen und berichten von dem Streit zwischen den Jüngern und den Schriftgelehrten. Jesu Jünger möchten den besessenen Sohn eines Vaters heilen und vermögen es nicht. Da sagt Jesus:

> O du ungläubige Generation! Wie lange muss ich noch bei euch sein? Wie lange muss ich euch noch ertragen? Bringt ihn zu mir!
>
> Markus 9,19

In diesen Worten drückt Jesus aus, dass er es leid ist, seine Jünger zu ertragen. Er hat ihnen schon so viele Zeichen seiner Liebe und seiner heilenden Kraft gegeben und sie eingehend belehrt. Doch sie haben immer noch nichts verstanden. Sie sind immer noch ohne Glauben. Das ist eine Erfahrung, die wir auch kennen. Wir bemühen uns um die Menschen, um unsere Kinder, um unsere Freunde. Doch wir haben den Eindruck, dass es nicht hilft. Sie bleiben verstockt und ungläubig. Wir können ihnen noch so viel erklären. Sie können oder wollen es nicht verstehen.

Jesus lässt sich von dieser Erfahrung aber nicht in die Resignation treiben. Er ergreift vielmehr die Initiative. Er sagt den Leuten: »Bringt ihn zu mir!« Und dann heilt Jesus diesen jungen Mann, der von einem Dämon immer wieder hin und her gezerrt wird. Jesus lässt sich auf ihn und seinen Vater ein und löst die Verwicklung auf, die zwischen beiden besteht. Jesus lässt sich von der Müdigkeit über seine Jünger nicht bestimmen. Er handelt aus seiner eigenen inneren Quelle, aus der Quelle seiner Beziehung zum Vater, von dem er sich gesandt fühlt, Kranke zu heilen. Er lässt sich von seiner Sendung, von seinem Auftrag nicht abhalten, auch nicht durch das Unverständnis seiner Jünger.

Der Grund der Müdigkeit Jesu ist die Enttäuschung über seine Jünger, die trotz seiner Bemühung nichts verstehen. Jesus ist an einer anderen Stelle auch über die Menschen enttäuscht, denen er seine Botschaft verkündet. Als die Boten Johannes des Täufers zu ihm kommen, sagt Jesus:

> Mit wem soll ich also die Menschen dieser Generation vergleichen? Wem sind sie ähnlich? Sie sind wie Kinder, die auf dem Marktplatz sitzen und einander zurufen: Wir haben für euch auf der Flöte Hochzeitslieder gespielt, und ihr habt nicht getanzt; wir haben Klagelieder gesungen, und ihr habt nicht geweint.
>
> Lukas 7,31f

Er beschreibt damit das Wirken Johannes des Täufers und sein eigenes Wirken. Johannes haben sie abgelehnt. Er war ihnen zu asketisch. Jesus singt keine Klagelieder wie Johannes, sondern Hochzeitslieder. Aber auch dagegen wehren sie sich mit der Bemerkung:

> Dieser Fresser und Säufer, dieser Freund der Zöllner und Sünder!
>
> Lukas 7,34

Jesus kann machen, was er will, die Leute verschließen ihre Ohren. Aus diesen Worten können wir seine Müdigkeit herauslesen. Die Leute wollen nur das hören, was sie bestätigt. Das macht müde. Aber Jesus gibt dieser Müdigkeit nicht nach. Er verkündet weiterhin seine Botschaft und wendet sich den Menschen zu, gerade denen, die am Rand sind. Er nimmt seine Müdigkeit wahr und überspringt sie nicht. Aber er reagiert aktiv darauf. Vielleicht hat ihn die Müdigkeit über die verständnislosen Menschen dazu angeregt, um Worte zu ringen, die die verschlossene Tür der Menschen aufschließen. Er hat Gleichnisse erzählt, in denen er sich auf die Situation der Menschen eingelassen hat. Er hat ihr Leben und ihre Alltagserfahrungen so spannend erzählt, dass die Menschen gefesselt waren. Doch dann hat er sie durch die Provokationen, denen wir in seinen Gleichnissen immer wieder begegnen, auf eine andere Ebene geführt, ihre Augen für das Geheimnis Gottes geöffnet.

Die Müdigkeit der Jünger am Ölberg

Die Jünger selbst haben die Müdigkeit erfahren, als sie mit Jesus am Ölberg wachen sollten. Jesus ringt mit dem Vater. Doch die Jünger schlafen ein. Lukas nennt den Grund ihrer Müdigkeit:

> Denn sie waren vor Kummer erschöpft.
>
> Lukas 22,45

Peter Handke hat über seinen Versuch über die Müdigkeit dieses Wort aus dem Lukasevangelium als Motto geschrieben. Er zitiert es in Griechisch und übersetzt dann so:

> Und aufgestanden vom Gebet, kommend zu den Jüngern, fand er sie eingeschlafen vor Betrübnis.

Die Jünger sind müde geworden, griechisch: »apo tes lypes«. »Lype« meint die Traurigkeit, das Selbstmitleid, in dem ich immer um mich selbst kreise. Ich schwimme gleichsam im Teich des Selbstmitleids und komme nie weiter. Ich komme nicht aus dem Kreisen um meine traurigen Gefühle heraus.

Die frühen Mönche unterscheiden »lype« und »penthos«. »Lype« ist die Traurigkeit, in der wir passiv reagieren auf das Zerbrechen unserer Illusionen. Auf dem Grund unserer Traurigkeit stehen übertriebene Wünsche ans Leben. Wir hatten gehofft, die Besten zu sein. Die Jünger hatten gehofft, dass Jesus weiterhin mächtig vor allem Volk auftreten und das Heil Gottes verkünden wird. Vielleicht hatten sie auch gehofft, dass sie in seinem Reich die ersten Plätze einnehmen, dass sie einen Vorteil haben, wenn dieser Jesus Erfolg hat. Jetzt spüren sie, dass ihre Hoffnungen zerbrechen. Sie wollen sich der Enttäuschung nicht stellen. Sie werden müde und schlafen ein.

»Penthos« meint die Trauerarbeit. Ich betrauere das Zerbrechen meiner Illusionen und komme dadurch auf den Grund meiner Seele und entdecke dort das Potenzial an Fähigkeiten und Kräften, die mir Gott geschenkt hat. In der Trauer reagiere ich aktiv auf die Enttäuschung und komme in Berührung mit meiner Kraft. Die Traurigkeit macht kraftlos und müde.

Die Erfahrung der Jünger kennen wir alle. Auch wir verschließen die Augen oft vor den Enttäuschungen unseres Lebens. Und doch ziehen uns die Verletzungen und Enttäuschungen nach unten. Wir spüren in uns Traurigkeit und Kummer. Das deutsche Wort »Kummer« kommt vom mittellateinischen Wort »cumbrus« und heißt »Schutt, Müll, Belastung, Gram, Mühsal«. Wir erfahren Kummer, wenn zu viel Schutt uns den Weg versperrt, wenn wir nicht einfach so weitergehen können, wie wir möchten. Wir reagieren dann wie die Jünger mit Selbstmitleid. Doch wenn wir im Selbstmitleid versinken, verlieren wir jede Spannkraft. Wir lassen uns gehen. Wir werden müde. Wir haben keine Lust mehr, etwas gegen die Müdigkeit zu tun. Wir fliehen gleichsam in die Müdigkeit, um unsere Traurigkeit nicht zu spüren. Wir schwimmen im Selbstmitleid und kommen nicht voran. Oder wir bleiben in der Traurigkeit liegen wie in einem warmen Daunenbett und wollen uns nicht der Wirklichkeit stellen.

Statt unser Leben zu betrauern, bedauern wir uns selbst. Indem wir uns aber selbst bedauern und bemitleiden, werden wir müde. Wir wollen die Augen vor unserer eigenen Wirklichkeit verschließen. Wir sind nicht bereit, die eigene Durchschnittlichkeit und die Enttäuschungen unseres Lebens anzuschauen und uns unserer Wahrheit zu stellen. Wir werden schläfrig, um in unserem Selbstmitleid gleichsam zu versinken. Es ist aber kein Schlaf, der uns erholt, sondern einer, der uns noch trauriger macht. So machen die Jünger am Ölberg nicht den Eindruck, dass sie erfrischt auf Jesus zugehen. Sie sind vielmehr resigniert und ohne Kraft und Hoffnung.

Die Müdigkeit des Petrus

Von einer anderen Erfahrung von Müdigkeit erzählt uns der Evangelist Johannes. Nach der Auferstehung Jesu waren die Jünger wieder zu ihrer alten Tätigkeit des Fischens nach Galiläa zurückgekehrt. Petrus sagte zu seinen sechs Gefährten: »Ich gehe fischen!« (Johannes 21,3) Die anderen machen alle mit. Doch sie fischen die ganze Nacht und können keinen einzigen Fisch fangen. Enttäuscht und müde fahren sie auf das Ufer zu. Da sehen sie, dass Jesus am Ufer steht. Doch sie erkennen ihn nicht.

> Jesus sagte zu ihnen: Meine Kinder, habt ihr nicht etwas zu essen? Sie antworteten ihm: Nein. Er aber sagte zu ihnen: Werft das Netz auf der rechten Seite des Bootes aus, und ihr werdet etwas fangen.
>
> Johannes 21,5f

Es ist die Nacht der Vergeblichkeit, die wir alle kennen. Manchmal haben wir das Gefühl, dass alles vergeblich ist. Unsere ganze Arbeit geht ins Leere. Es kommt nichts dabei heraus. Wir sind frustriert und enttäuscht. Es hat doch alles keinen Zweck. Warum sich noch anstrengen? Es kommt doch nichts dabei heraus. Warum noch an sich selbst arbeiten? Wir fallen doch immer wieder in die gleichen Fehler. Das Gefühl von Vergeblichkeit raubt uns die Energie, die wir zum Leben brauchen, und macht uns krank. Vergeblichkeit ist eine Erfahrung, von der die Bibel an vielen Stellen spricht. Hiob hat die Erfahrung der Vergeblichkeit gemacht. Er klagt darüber, dass er sich umsonst müht. (Hiob 9,29) Und der Trost seiner Freunde geht ins Leere. Sie trösten ihn mit Nichtigem. (Hiob 21,34)

Der Beter von Psalm 73 macht die Erfahrung, dass er umsonst sein Herz rein hielt. (Psalm 73,13) Sein ganzes Ringen um Gottes Willen war vergebens. Den Frevlern geht es trotzdem besser. Warum also sollte sich der Psalmist noch alle Tage plagen? Alles ist umsonst. Alle großen Reden, alle ruhmvollen Taten versanden im Nichts:

> Nur wie ein Schatten geht der Mensch einher, um ein Nichts macht er Lärm.
>
> Psalm 39,7

Bei der Vergeblichkeit unseres Tuns hilft es uns auch nicht weiter, wenn wir wie die Jünger ihrem Anführer Petrus so bereitwillig folgen. Mit Euphorie allein lässt sich da nichts machen. Als Petrus den Jüngern sagt, er gehe fischen, da antworten sie voller Begeisterung: »Wir kommen auch mit.« (Johannes 21,3)

Sie hoffen, dass dieser Petrus ihnen zeigen könnte, wie ihr Leben gelingt. Viele hören heute auf einen selbsternannten Guru, der genau weiß, wo es langgeht. Fasziniert von seiner Ausstrahlung, steigen sie in sein Boot ein, in der Hoffnung, dass von nun an alles besser wird. Aber wie die Jünger müssen sie die Erfahrung machen, dass alles umsonst ist. »Aber in dieser Nacht fingen sie nichts.« (Johannes 21,3)

Alles ist vergeblich. Und es ist Nacht. Sie blicken nicht durch. Es ist in ihnen dunkel, sinnlos und kalt. Das gemeinsame Boot führt sie nur noch tiefer in die Nacht hinaus. So kehren sie von dieser vergeblichen Nachtarbeit müde und enttäuscht zurück. Der Morgen wirkt grau und trostlos. Der Morgen verheißt keinen Neuanfang, sondern drückt die Trostlosigkeit ihres Lebens aus. Alle Anstrengung, die sie die ganze Nacht auf sich genommen haben, war umsonst.

Johannes bleibt nicht stehen bei der Schilderung der Vergeblichkeit. Er zeigt uns auch einen Weg, wie sich die Müdigkeit und Enttäuschung der Jünger wandeln.

Jesus selbst tritt in die Nacht der Vergeblichkeit. Und er verlangt von den Jüngern, dass sie das Gleiche, was sie die ganze Nacht über vergeblich taten, noch einmal tun, aber nun auf sein Geheiß hin und auf der rechten, auf der bewussten Seite. Vergeblichkeit hat oft damit zu tun, dass wir uns feste Vorstellungen gemacht haben, wie unsere Anstrengungen belohnt werden sollen. Wenn unsere Mühen nicht den Erfolg bringen, den wir uns vorgestellt haben, dann werden wir müde, dann fühlen wir uns frustriert. Wir haben vergeblich gearbeitet. Nun sollen wir das Gleiche, das wir bisher getan haben, wieder tun, aber mit einer anderen Voraussetzung. Wir sollen auf die innere Stimme achten, auf die Stimme Jesu in unserem Innern. Und wir sollen unser Netz auf der rechten, auf der bewussten Seite auswerfen.

Jesu Weg, unsere innere Müdigkeit und Frustration zu überwinden, besteht also darin, mit unserem Herzen in Berührung zu kommen und achtsam und bewusst zu handeln. Wer achtsam, wach, bewusst handelt, der wird nicht so leicht müde. Die Müdigkeit hat offensichtlich mit Unachtsamkeit zu tun. Wir waren so fixiert auf unsere Vorstellungen, dass wir nicht auf die Wirklichkeit geachtet haben.

In dieser Ostergeschichte wird uns noch ein anderer Weg aus der Müdigkeit aufgezeigt: Der Lieblingsjünger erkennt in diesem Mann, der da am Ufer steht, Jesus selbst. Allerdings hat es auch in ihm lange gebraucht, bis er Jesus erkannte. Erst als sie spürten, dass ihr Netz voller Fische war, sodass sie es kaum einholen konnten, sagte er zu Petrus: »Es ist der Herr!« (Johannes 21,7)

Auf dieses Wort hin wird Petrus hellwach. Er gürtet sich das Obergewand um und springt in den See. Man spürt seine Begeisterung. Wenn mitten am grauen Morgen, mitten in der Müdigkeit, der Auferstandene selbst da ist, dann gibt es kein Halten mehr. Dann muss er aufspringen und aus seiner Müdigkeit aufstehen. Jesus hält mit den Jüngern ein Frühmahl. Johannes schildert das wie eine Eucharistiefeier. In jeder Eucharistie feiern wir Tod und

Auferstehung Jesu, damit wir aus allem Tod aufstehen zum Leben, aus aller Müdigkeit aufstehen in die Lebendigkeit und aus aller Enttäuschung aufstehen in die Hoffnung, dass es nichts gibt, was nicht verwandelt werden kann.

Nicht nur die Jünger Jesu haben Müdigkeit erlebt. Auch die ersten Christen haben nach einer kurzen Zeit der Begeisterung und des Neuaufbruchs immer wieder Enttäuschung erfahren. Der Autor des Hebräerbriefes richtet sein Schreiben an Christen, die in ihrem Glauben müde geworden sind. Er möchte sie durch eine neue Sicht auf Jesus Christus wieder ermutigen, von ihrer Müdigkeit zu lassen. Er schreibt von Jesus, dass er uns vorangegangen ist in das himmlische Zelt. Das gibt uns »einen kräftigen Ansporn ..., die dargebotene Hoffnung zu ergreifen« (Hebräer 6,18).

Der Autor möchte seine Leser dazu bringen, dass »ihr nicht müde werdet, sondern Nachahmer derer seid, die aufgrund ihres Glaubens und ihrer Ausdauer Erben der Verheißung sind« (Hebräer 6,12). So ruft der Hebräerbrief uns immer wieder zur Ausdauer auf:

> Lasst uns mit Ausdauer in dem Wettkampf laufen, der uns aufgetragen ist, und dabei auf Jesus blicken, den Urheber und Vollender des Glaubens.
>
> Hebräer 12,1f

Wenn wir auf Jesus schauen, dann werden wir nicht ermatten und den Mut nicht verlieren. (Hebräer 12,3) Das ist für mich auch ein wertvoller Ansatz: durch eine neue Art von Theologie die Müdigkeit zu vertreiben. Grund unserer Müdigkeit kann also eine unzureichende Theologie oder Spiritualität sein. Wenn wir Gott als den ansehen, der unsere Wünsche erfüllen soll, dann sind wir schnell frustriert, wenn er auf unser Beten nicht reagiert. Und wir werden müde in unserem Bemühen, um Hilfe zu bitten. Wenn aber Jesus der ist, der in das himmlische Zelt eingetreten ist, der in den inneren Raum unserer Seele eingetreten ist, wenn in uns das Allerheiligste ist, in dem alles heil und ganz ist, dann erleben wir die Enttäuschungen unseres Lebens anders. Dann haben wir mitten in unserer Müdigkeit einen Raum des Ausruhens, einen Raum des Allerheiligsten, in dem wir heil sind und ganz, in dem wir im Frieden sind mit uns, weil Jesus selbst in dieses Allerheiligste unseres Herzens eingetreten ist. Und es ist für den Hebräerbrief der Blick auf Jesus, der uns aus unserer Müdigkeit herausreißt. Jesus

> hat angesichts der vor ihm liegenden Freude das Kreuz auf sich genommen, ohne auf die Schande zu achten, und sich zur Rechten von Gottes Thron gesetzt.
>
> Hebräer 12,2

Der Blick auf Jesus reißt uns weg von unserem müden Schauen auf das, was uns durchkreuzt und in die Quere kommt, was uns alle Energie raubt. Das Schauen auf den, der hinter den Durchkreuzungen des Lebens schon die Freude sah, soll uns von unserer Müdigkeit befreien.

Die Müdigkeit des frommen Beters

Die Müdigkeit des Frommen kennt schon das Alte Testament. Im Psalm 69 betet der Psalmist:

> Erschöpft bin ich vom Rufen, es brennt mir die Kehle. Meine Augen ermatten, so lange schon harre ich meines Gottes.
>
> Psalm 69,4

Der Beter ist enttäuscht, dass Gott sich ihm nicht zeigt und ihm nicht hilft. So geht es auch heute vielen frommen Christen. Sie haben in schwierigen Situationen zu Gott gebetet und Gott angefleht, er möge ihnen oder ihren kranken Verwandten helfen. Doch die Hilfe ist ausgeblieben. Sie haben sich müde gerufen. Sie sind unter dem Schreien zu Gott heiser geworden. Auch hier hat die Müdigkeit mit der Enttäuschung zu tun. Der Beter ist enttäuscht über Gott, über seine Abwesenheit, über seine mangelnde Hilfe. Diese Enttäuschung führt irgendwann dazu, dass der Fromme das Beten aufgibt. Er ist in seiner Frömmigkeit müde geworden.

Ein anderer Beter drückt seine Erfahrung so aus:

> Ich bin erschöpft vom Seufzen, jede Nacht benetze ich weinend mein Bett, ich überschwemme mein Lager mit Tränen.
>
> Psalm 6,7

Gerade Menschen, die in großes Leid geraten sind und ihre Tränen vor Gott geweint haben, werden von ihrer Trauer müde. Ihr Leid hat sie müde gemacht. Auch das Beten befreit sie nicht mehr von dieser Erschöpfung. Ja, sie sind müde geworden, weiterzubeten. Gerade zu diesen Menschen fühlt sich Jesus gesandt. Der Evangelist Matthäus sieht in Jesus den Knecht Gottes, von dem der Prophet Jesaja gesprochen hat. Im dritten Lied vom Gottesknecht heißt es:

> Gott, der Herr, gab mir die Zunge eines Jüngers, damit ich verstehe, die Müden zu stärken durch ein aufmunterndes Wort.
>
> Jesaja 50,4

Jesus hat die Fähigkeit, Worte zu finden, die Müden aufzumuntern und aufzurichten. Und er hat einen Blick für die Menschen, die müde geworden sind. Das zeigt Matthäus, wenn er von Jesus sagt:

> Als er die vielen Menschen sah, hatte er Mitleid mit ihnen; denn sie waren müde und erschöpft, wie Schafe, die keinen Hirten haben.
>
> Matthäus 9,36

Jesus versteht seine Aufgabe darin, zu den Müden zu gehen und ihnen das Wort zu verkünden, das die Menschen wieder aufrichtet. Und er versteht die Sendung der Jünger darin, den Menschen, die müde geworden sind, weil sie keinen Hirten haben, weil sie orientierungslos geworden sind, die Frohe Botschaft zu verkünden, die ihnen Kraft und Orientierung schenkt.

Die Müdigkeit des Propheten Elija

Das Urbild des müden Frommen im Alten Testament ist der Prophet Elija. Elija hat voller Eifer für den Herrn gekämpft. Er hat es gewagt, den Kampf mit den vierhundertfünfzig Baalspriestern aufzunehmen. Und er hat in diesem Kampf gesiegt. Doch schon kurz nach seinem großen Erfolg überfällt ihn eine große Müdigkeit. Gegen den König Ahab hat er voller Mut gekämpft. Jetzt lässt die Königin Isebel ihm durch Boten sagen, dass sie ihn töten lasse. Jetzt gerät er auf einmal in eine große Angst. Er kämpft um sein Leben. Er flieht vor Isebel in die Wüste. Doch jetzt schlägt sein Kampf um in Müdigkeit.

> Dort setzte er sich unter einen Ginsterstrauch und wünschte sich den Tod. Er sagte: Nun ist es genug, Herr. Nimm mein Leben; denn ich bin nicht besser als meine Väter. Dann legte er sich unter den Ginsterstrauch und schlief ein.
>
> 1 Könige 19,4f

Elija gibt den Grund für seine Müdigkeit an. Er ist auch nicht besser als seine Väter. Er hatte gedacht, dass er eifriger als alle anderen Propheten gegen die Baalspriester gekämpft habe. Doch jetzt begegnet er seinem eigenen Schatten. Das, was er in den Baalspriestern bekämpft hat, das ist ja auch in ihm selbst. Die Baalspriester frönten dem Kult des Erfolgs. Aber Elija zeigt mit seinem Triumph über die Baalspriester, dass es ihm genauso um den Erfolg ging wie denen, die er bekämpft hat. Als er das einsieht, schwindet ihm alle Kraft. Er kann nicht mehr kämpfen, sondern möchte am liebsten sterben. Er legt sich einfach hin und schläft ein. Sein Schlaf ist kein erholsamer Schlaf, sondern eine Flucht vor der Realität, eine Flucht vor der Auseinandersetzung.

Elija zeigt uns die typische Müdigkeit des Erfolgreichen. Oft erfasst die Menschen nach einem großen Erfolg eine tiefe Müdigkeit. Die Müdigkeit ist nicht Folge der Anstrengung, die man vollbracht hat, um den Erfolg zu erlangen. Sie ist vielmehr eine Reaktion auf den Erfolg. Der Erfolg entpuppt sich als relativ. Er ist nicht absolut. Es gibt immer noch welche, die einem den Erfolg streitig machen, so wie Isebel. Und man erkennt, dass der Erfolg nicht alle Probleme löst. Ja, man sieht, dass man den Erfolg mit sehr egoistischen Motiven angestrebt hat, dass es einem nicht um die Sache, sondern nur um das eigene Ego gegangen ist. Das enttäuscht uns. So wollen wir nicht mehr weiterkämpfen. Es hat doch alles keinen Zweck. Wir kreisen doch nur um uns selbst. Manche wähnen sich im Erfolg schon am Ziel.

Doch der Weg geht weiter. Jetzt haben sie auf einmal keine Kraft und Lust mehr weiterzugehen. Sie legen sich wie Elija hin und wollen sich einfach ausruhen. Sie wollen die Enttäuschung, die auf den Sieg folgt, nicht wahrhaben, sondern flüchten in den Schlaf und in die Müdigkeit. Dort verschließen sie die Augen vor den weiteren Herausforderungen des Lebens. In dieser Situation braucht es auch bei uns einen Engel, der uns aufweckt und uns aufruft: »Steh auf und iss!« (1 Könige 19,5) Elija steht auf, isst und trinkt und legt sich wieder hin. Da kommt der Engel ein zweites Mal. Er hat Geduld. Er fordert ihn nochmals auf, zu essen und zu trinken. Jetzt begründet er es: »Sonst ist der Weg zu weit für dich.« (1 Könige 19,7)

Der Engel bemitleidet Elija nicht, sondern er schickt ihn auf den Weg durch die Wüste zum Gottesberg Horeb. Nach dem Erfolg geht der Weg weiter, aber er geht nicht in die Richtung noch größeren Erfolgs, sondern er geht erst einmal durch die Wüste, in der wir uns selbst begegnen, und dann zum Gottesberg, zur Erfahrung Gottes. Das Ziel unseres Weges ist nicht der Erfolg, sondern die Erfahrung Gottes. Wir müssen von der Ebene des Erfolgs wegkommen. Der Weg geht nach innen. Für diesen inneren Weg stärkt uns der Engel.

Die Müdigkeit des Elija ist aber nicht nur eine Müdigkeit des Erfolgs oder des Ehrgeizes. Wir können sie auch als Müdigkeit an Gott sehen. Elija ist seines Gottes müde geworden. Gott packt ihn nicht mehr. Gott berührt ihn nicht mehr, weder in der Faszination noch im Ärger. Gott bewirkt auch keine Unruhe mehr in ihm, so wie er einst den Propheten Jeremia nicht in Ruhe gelassen hat. Jeremia hatte das Gefühl, Gott habe ihn betört und verführt. Doch bei Elija ist weder Auflehnung noch Begeisterung. Er fühlt sich von Gott weder geliebt noch abgelehnt. Elija fühlt gar nichts mehr. Er ist einfach nur müde und möchte schlafen, die Augen vor diesem Gott verschließen.

Die Erfahrung des Elija können wir heute bei vielen Menschen beobachten. Sie sind an Gott müde geworden. Sie haben jede Begeisterung verloren. Sie lassen sich nicht mehr bewegen, betreffen, berühren. Die Rede von Gott ärgert sie auch nicht mehr. Sie bewirkt gar nichts bei ihnen. Da regt sich keine Reaktion des Herzens. Da bräuchten wir auch einen Engel, der uns wieder aufrüttelt, der uns nicht in Ruhe lässt, sondern uns unruhig macht, an der Schulter schüttelt und sagt: »Wach endlich auf. Mach die

Augen auf. Gott ist da. Gott ist wirklich. Er will mit dir reden. Er hat dir etwas zu sagen. Er traut dir etwas zu.«

Wir bräuchten eine neue Weise der spirituellen Rede, nicht eine Rede, die einlullt, aber auch keine, die überfordert, sondern eine, die uns aufregt, die uns packt, die uns wachrüttelt, die uns in Bewegung bringt, damit wir aufstehen und den Weg durch die Wüste der Gottesferne wagen, um den zu finden, nach dem sich unsere Seele im Tiefsten sehnt. Wir bräuchten einen Engel, der Unruhe stiftet, der uns nicht in der Müdigkeit an Gott belässt und der sich auch von der Kirche der Müden nicht abhalten lässt, uns aufzuregen und wachzurütteln.

Wie müsste diese religiöse Rede sein, dass sie unsere Herzen berührt, Worte, die uns in Berührung bringen mit unserer tiefsten Sehnsucht, die uns nicht wie Elija einschlafen lassen, sondern auffordern, aufzustehen und uns auf die Suche zu machen? Die Rede des Engels löst die Müdigkeit des Elija nicht. Er geht zwar durch die Wüste zum Gottesberg Horeb. Doch dort möchte er sich wieder verkriechen, diesmal in einer Höhle. Da ruft ihn Gott heraus: »Komm heraus und stell dich auf den Berg vor den Herrn!« (1 Könige 19,11)

Elija muss heraustreten aus aller Geborgenheit der Höhle, aus allen gewohnten Sprachbildern. Er muss sich auf den Berg stellen und sich damit seiner Wahrheit stellen, sich mit sich konfrontieren. Und Gott nimmt ihn in seine Schule der Gotteserfahrung. Gott zeigt sich nicht im Sturm, nicht im Erdbeben und nicht im Feuer, sondern im sanften, leisen Säuseln. Im Schweigen begegnet ihm Gott, dort, wo alle menschlichen Worte verstummen und das Geheimnis sich selbst zeigt, das unbeschreiblich ist.

In einer Kirche, in der die Worte sich ermüdet haben, in der wir immer die gleichen Worte gebrauchen, um Gott und die Erfahrung Gottes zu beschreiben, bräuchten wir Männer oder Frauen, die zum Engel der Sprache werden, zu Engeln, die uns mit ihren Worten so treffen, dass wir nicht mehr anders können, als uns bewegen zu lassen, als uns auf den Weg zu machen, um in der Stille Gott zu erahnen.

Aber es braucht auch bei uns ein neues Hören, damit wir gerade die beunruhigenden Worte Gottes mit neuen Ohren hören, die uns die Propheten im Alten Testament entgegenschleudern. Auch die vielen Worte Jesu, die uns nicht in Ruhe lassen, die provozieren, die sperrig und unverständlich sind, gilt es neu zu hören. Wir haben sie zu sehr vereinnahmt. Wir haben eine Theorie aus Jesu Worten gemacht, um uns Jesus vom Leib zu halten. Jesus will uns aufrütteln, damit wir die Augen öffnen und unsere Vorstellungen von Gott in Frage stellen, um uns auf die Suche zu machen nach dem unbegreiflichen Gott, der aber trotz aller Unbegreiflichkeit der Gott der Liebe ist, der Gott, der uns wie dem verlorenen Sohn entgegenläuft, um mit uns ein Fest zu feiern, weil wir, die wir uns verloren hatten, uns wiedergefunden haben, und wir, die wir tot waren, wieder aufgeblüht sind zu neuem Leben.

Die Bibel beschreibt nicht nur das Phänomen der Müdigkeit, sondern gibt immer auch Wege an, wie die Müdigkeit überwunden werden kann. So zeigt Jesus der Frau aus Samarien, die liebesmüde geworden ist, einen Weg aus dieser Müdigkeit heraus. Er schenkt ihr sein Wasser des Lebens. Die Erzählung des Johannes (Johannes 4,1–26) könnte ein Bild sein, wie Partner ihre Liebesmüdigkeit überwinden. Fünf Schritte ergeben sich aus der Begegnung Jesu mit der Samariterin:

1. Die Partner sollen dem anderen ihren eigenen Durst, ihre Bedürfnisse und Sehnsüchte in aller Offenheit zeigen.
2. Es geht um einen Austausch in gleicher Augenhöhe über die Themen, die beide Partner bewegen. Dabei darf es keine Bewertung geben, sondern die Bereitschaft, den anderen zu verstehen.
3. Ich frage den anderen nach seinen tiefsten Sehnsüchten und Bedürfnissen. Durch das Fragen wecke ich die Lebendigkeit im anderen.
4. Anstatt dem anderen Schuldgefühle zu vermitteln, biete ich ihm mein Lebenswasser, meine Lebendigkeit, meine Liebe an. Anstatt von ihm etwas zu erwarten, gebe ich ihm meine Liebe.
5. Der Partner wird durch die Lebendigkeit in der Beziehung auch offen für andere Freundschaften. Freundschaften zu anderen stabilisieren die eigene Partnerschaft. So kommt man aus dem Kreisen um sich herum weg.

Maria und Marta

Auch die Geschichte von Maria und Marta (Lukas 10,38–42) könnte man als Müdigkeitsgeschichte lesen. Sie erzählt von der Müdigkeit der Hausfrau in der Alltäglichkeit des Haushalts und der Familie. Jesus zeigt in seinem Hinweis auf Maria, die einfach hört, was er ihr sagt, einen Weg aus dieser Müdigkeit heraus.

Oft hat die Müdigkeit ihre Ursache darin, dass Frauen zu wenig auf ihr Herz hören. Sie gehen in ihrer Arbeit auf und meinen, die Familie brauche das. Aber sie hören zu wenig auf die wirklichen Bedürfnisse der Familie, und sie hören zu wenig auf das eigene Herz. Die Familie braucht nicht in erster Linie die Dienstleistung der Mutter, sondern ihr Herz.

Eine Frau erzählte mir, sie habe als Mutter oft ihre ganze Kraft für den Haushalt und für das schulische Lernen der Kinder verwendet und die Hauptsache dabei vergessen: das liebevolle Zusammensein in der Familie. Frauen fühlen sich oft müde, wenn sie zu wenig Zeit für das eigene Herz haben, wenn sie den Kontakt zu ihrer spirituellen Seite verloren haben. Der Weg nach innen, auf das eigene Herz zu hören, kann diese Müdigkeit heilen.

Der Umgang mit der Müdigkeit in der spirituellen Tradition

Die frühen Mönche haben versucht, möglichst wenig zu schlafen. Wir können uns vorstellen, dass sie nicht immer ganz wach und frisch dabei waren. Ihr Ziel war zwar, für und mit Christus zu wachen und zu beten. Aber wenn sie kaum geschlafen haben, konnten sie beim Beten wohl kaum hellwach sein. Ihr Gebet war oft von körperlicher Müdigkeit geprägt. Sie haben die Müdigkeit durchaus als geistlichen Weg benutzt. Denn in der Müdigkeit ist der Mönch für wenig aufmerksam. Wenn er diese Aufmerksamkeit auf Gott richtet, dann hilft ihm die Müdigkeit, sich im Gebet in Gott hineinzuversenken. Erhart Kästner spricht in seinem Buch

»Die Stundentrommel vom heiligen Berg Athos« vom traumwachen Morgengefühl,

> jenen Zustand großer Empfängnis, der nur das Wenigste einlässt, das aber so königlich, so gekrönt, dass man glaubt, es sei erst in diesem Augenblick erschaffen. Niemand wird leugnen, dass es nur die Momente so großer Aufnahme sind, in denen er wirklich gelebt hat.
>
> Kästner 78

Die Müdigkeit beim Beten ist hier keine Schläfrigkeit, sondern eine Reduzierung der Aufmerksamkeit auf das Eigentliche. Sie ist eine eigene Form von Wachheit. Sie schützt uns vor der Zerstreuung. Das wäre ihre positive Aufgabe. Aber es gibt natürlich auch eine Müdigkeit, die verschließt, in der man einfach nur vor sich hindöst. Für die Mönche kommt es nicht darauf an, die Müdigkeit zu unterdrücken, sondern mit ihr so umzugehen, dass sie ihnen für das geistliche Leben hilft.

Es ist schon erstaunlich, dass die alte Tradition des Mönchtums die Müdigkeit als Weg der Spiritualität eingesetzt hat, um sich ganz und gar auf Gott zu konzentrieren und alles andere wegzulassen. Das Ziel der Mönche war die Wachsamkeit. Aber wenn man so wenig schläft, wie es die Mönche in der Wüste vorgemacht haben, dann ist die Wachsamkeit immer auch von der Müdigkeit begleitet.

Die Müdigkeit ist hier kein Gegensatz zur Wachsamkeit, sondern gibt ihr das Gepräge, allein für Gott offen zu sein. Es ist kein Hellwachsein, in dem man alles wahrnimmt, sondern eine

Wachheit, die auf das Eigentliche zielt, auf Gottes heilende Gegenwart und Gottes Liebe im eigenen Herzen.

Peter Handke hat verstanden, was die Mönche mit ihrer Müdigkeit erfahren haben, die sie für Gott geöffnet und mit Gott verbunden haben. Er spricht von der »klaräugigen Müdigkeit«:

> Sie bietet Zugang zu einer ganz anderen Aufmerksamkeit, Zugang zu jenen langen und langsamen Formen, die sich der kurzen und schnellen Hyperaufmerksamkeit entziehen.
>
> Handke 58

So interpretiert der koreanische Philosoph Byung-Chul Han diese Müdigkeit, die uns wacher macht für das Eigentliche. Handke selbst schreibt von dieser Müdigkeit:

> Sie öffnet, sie macht durchlässig, sie schafft einen Durchlass für das Epos aller Wesen.
>
> Handke 62

Und er meint weiter, es sei eine einende Müdigkeit. Sie eint uns mit der Natur und auch mit den Tieren. Handke erzählt, dass ihm – als er müde seinen Weg ging – zwei Hunde folgten.

> Ich war so müde, dass die übliche Hundeangst ausblieb, und außerdem, so stellte ich mir vor, hätte ich durch das viele Gehen in der Gegend schon deren Geruch angenommen und wäre den Hunden vertraut.
>
> Handke 61f

Die einende Müdigkeit verbindet uns mit dem Sein an sich, mit der Natur, mit den Tieren. Auch die Dinge erscheinen uns in der Müdigkeit so, wie sie sind.

> Und noch mehr: Das Ding erscheint in solch fundamentaler Müdigkeit nie nur für sich, sondern immer zusammen mit anderen, und wenn es auch nur wenige Dinge sein mögen, ist am Ende alles beieinander.
>
> Handke 68

Was Handke hier beschreibt, ist nichts anderes als das, was die Mönche unter Kontemplation verstanden haben. Kontemplation ist jener Zustand, in dem ich auf den Grund schaue. Ich sehe nicht etwas Bestimmtes. Ich blicke durch. Auf einmal wird mir alles klar. Es ist diese Klarsichtigkeit, die in allem letztlich Gott erkennt. Und wenn ich in allem Gott erkenne, dann schaue ich auch die Einheit aller Dinge. Alles ist in Gott miteinander eins geworden.

Das hat auch Papst Gregor vom hl. Benedikt und dessen Mystik erzählt. Benedikt stand müde am Fenster seines Klosters. Da erschaute er in einem einzigen Blick die ganze Welt. In diesem Moment hat er allem auf den Grund gesehen. Und im Grund ist alles eins. In diesem begrenzten Ausschnitt sieht er auf einmal alles, die ganze Welt. Das, was unserem Verstand so unterschiedlich und verschieden erscheint, wird dem Müden eins.

In der Müdigkeit – so meint Peter Handke – braucht man

> keine auffälligen wichtigtuerischen Atemübungen oder Yoga-Haltungen: Du sitzt und atmest im Licht der Müdigkeit jetzt beiläufig richtig.
>
> Handke 52

In dieser Müdigkeit fühle ich mich mit allem und mit allen Menschen eins:

> Das andere wird zugleich ich. Die zwei Kinder da unter meinen müden Augen, das bin jetzt ich.
>
> Handke 68

In der Müdigkeit verschwimmen die Grenzen zwischen mir und der Welt, zwischen mir und den Menschen. Ich fühle eine tiefe innere Verbindung. Das nennt Handke die einende Müdigkeit, die er mit dem Wort beschreibt: »Alles beieinander!« (Handke 70) Der Blick des Müden schaut in die Tiefe, in der alles eins ist.

Was Peter Handke hier unter dem Wort Müdigkeit beschreibt, hat Josef Pieper im Rückgriff auf die griechische Philosophie und christliche Theologie als Muße beschrieben. Er wendet sich gegen das Verständnis von Immanuel Kant, der auch die geistige Arbeit als Anstrengung versteht.

Pieper setzt dagegen das, was die Tradition »intellektuelle Anschauung« nennt. Er meint, im geistigen Erkennen sei

> ein Element rein empfangenden Hinblickens oder, wie Heraklit sagt, des »Hinhorchens auf das Wesen der Dinge«.
>
> Pieper 25

Pieper beschreibt dieses rein empfangende Tun des Geistes:

> Was geschieht, wenn unser Auge eine Rose erblickt? Was tun wir selber dabei? Unsere Seele verhält sich, indem wir dieses Gebilde in seiner Farbe und in seiner Form gewahren, aufnehmend, hinnehmend, empfangend. Wir sind wach und tätig, gewiss. Aber es ist ein unangespanntes Hinblicken – sofern es sich wirklich um eigentliches Anschauen handelt und nicht etwa um Beobachtung, die schon dabei ist, zu messen und zu zählen.
>
> Pieper 22

In der Müdigkeit sind wir offen für dieses rein empfangende Anschauen des Seienden. Da geht es nicht mehr um geistige Anstrengung, sondern um das Empfangen dessen, was ist. Etwas von dieser klaräugigen Müdigkeit erfahre ich manchmal vor dem Aufwachen oder nach dem Aufwachen vom Schlaf. Ich weiß dann nicht genau, ob ich träume oder mir selbst Gedanken mache. Aber in dieser Situation kommen mir oft neue Gedanken für meine Bücher. Es ist eine Müdigkeit, die hellsichtig macht, die neue Ideen schafft.

Als ich einmal von einem Vortrag sehr spät heimkam und aufwachte, spürte ich noch eine tiefe Müdigkeit. Ich weiß nicht, ob ich wieder eingeschlafen war oder einfach etwas überlegte. Es war wohl beides. Ich träumte davon, dass ich in einem Bildungshaus einen Vortrag für eine Gruppe von Ordensleuten halten sollte. Ich überlegte mir kurz, was ich sagen sollte. Ich wollte nicht meine üblichen Gedanken wiederholen. So kam mir als Titel: »Wege zu einer verwandelnden Spiritualität«. Ich wollte diese verwandelnde Spiritualität und Seelsorge der moralisierenden Spiritualität gegenüberstellen. Im Moralisieren überfordert sie oft die Menschen und ruft in ihnen ein schlechtes Gewissen hervor. Eine tröstende Spiritualität oder Seelsorge möchte mit biblischen Zitaten den Menschen Trost spenden. Doch diese Spiritualität führt dagegen oft zur Regression. Die verwandelnde Seelsorge fragt die Menschen nach ihren Problemen. Sie hört zu. Im Zuhören und im Gespräch über das, was einen bewegt, geschieht dann auf einmal eine Verwandlung der Sicht. Auf einmal entdeckt man, wie man mit diesen Problemen umgehen könnte. In dieser Phase der Müdigkeit kam mir auf einmal der Gedanke, das sei ja genau die Seelsorge Jesu gewesen. Er griff in seinen Gleichnissen die Erlebnisse der Menschen auf, indem er sie ihnen erzählte. Auf diese Weise führte er die Zuhörer dann auf eine andere Ebene und verwandelte ihre Sichtweise. Schon manchmal waren diese Augenblicke der Müdigkeit vor oder nach dem Aufwachen für mich Inspiration für ein neues Buch.

Aber es gibt auch die Erfahrung, dass die Mönche auf ihrem Weg ermüden und die Freude an ihrem Weg verlieren. So erzählt ein Väterspruch, dass Abbas Antonios, der erste Mönch, der in die

Wüste gegangen ist, »einmal in verdrießlicher Stimmung und mit düsteren Gedanken in der Wüste saß«. Als er sich fragt, wie er aus dieser Stimmung herauskäme und wie sein geistliches Leben gelingen könne, verweist ihn Gott auf einen anderen Mönch, der ihm gleicht: Dieser Mönch

> saß da und arbeitete, stand dann von der Arbeit auf und betete, setzte sich wieder und flocht an seinem Sein, erhob sich dann abermals zum Beten. Und siehe, es war ein Engel des Herrn, der gesandt war, Antonios Belehrung und Sicherheit zu geben. Und er hörte den Engel sprechen: »Mach es so, und du wirst das Heil erlangen.« Als er das hörte, wurde er von großer Freude und mit Mut erfüllt und durch solches Tun fand er Rettung.
>
> Apophtegmata 1

Wir werden oft müde, wenn wir lange bei einer Tätigkeit bleiben. Wer meint, er könne stundenlang lesen oder seine Büroarbeit erledigen, der braucht sich nicht zu wundern, dass er müde wird. Es braucht die gesunde Abwechslung, um bei allem, was er tut, innerlich wach zu bleiben.

Diese Art von Müdigkeit nennen die Mönche die »Akedia«. Dieses Wort kann man kaum richtig übersetzen. Oft wird es mit »Trägheit« übersetzt. Akedia meint eigentlich die Unfähigkeit, im Augenblick zu sein. Man hat zu nichts Lust, weder zum Beten noch zum Arbeiten, ja nicht einmal zum Nichtstun. Man möchte immer woanders sein. Das Grundgefühl ist »taedium vitae« – »Ekel am Leben«. Das Leben schmeckt einem nicht. Und man hat einen Widerwillen gegen den Ort, an dem man gerade ist. Der Wüstenmönch Johannes Cassian nennt das »horror loci«. Für Josef Pieper bedeutet die Akedia, die Trägheit,

> dass der Mensch seinem eigenen Sein letztlich nicht zustimmt; dass er, hinter aller energischen Aktivität, dennoch nicht eins ist mit sich selbst.
>
> Pieper 48

Und er meint, Trägheit sei nicht Müdigkeit. Die Unfähigkeit zur Muße führt zur Akedia:

> Gerade aus der Trägheit entspringe die Rastlosigkeit des Arbeitens um der Arbeit willen. Es ist das eine merkwürdige Zuordnung, dass also die Rastlosigkeit eines selbstmörderischen Arbeitsfanatismus gerade aus einem Mangel an Verwirklichungswillen herrühren soll.
>
> Pieper 47

Wenn wir die Müdigkeit überspringen, dann gelangen wir zur Rastlosigkeit des Arbeitssüchtigen, der seine innere Leere mit Arbeit zudecken muss.

Aus der Akedia, der Müdigkeit am Leben, folgen – so beschreibt es Cassian – acht Haltungen. Da ist einmal der *Müßiggang* (lateinisch: otiositas). Müßiggang ist etwas anderes als Muße. Muße ist für die Römer ja etwas Positives. Es ist die Fähigkeit, den Augenblick zu genießen. Müßiggang ist dagegen die Weigerung gegen jedes Sich-Einlassen auf eine Aufgabe oder auf diesen einen Augenblick. Man hat keine Spannkraft. Aus dieser inneren

Erschlaffung folgt die dauernde *Schläfrigkeit* (somnolentia). Mit Müdigkeit und Schläfrigkeit reagiert der Mönch immer, wenn ihn etwas innerlich betreffen oder ansprechen möchte. Er lässt sich nicht aus seinem Trott herausreißen. Er lässt sich nicht verunsichern. Die Schläfrigkeit ist die Weigerung, sein Leben zu ändern. Sie ist die Flucht vor jedem inneren Anruf.

Die dritte Haltung ist die *schlechte Laune* (importunitas). Die schlechte Laune zeigt, dass es in dieser Art von Müdigkeit nicht um ein gutes Müdesein geht, sondern um eine Müdigkeit, die wir beim Kind kennen. Wenn Kinder zu müde sind, dann werden sie quengelig. Dann sind sie zu nichts mehr zu gebrauchen. Dann weinen sie wegen jeder Kleinigkeit. So ähnlich ist diese Art von Müdigkeit auch bei Erwachsenen. Sie sind schlecht gelaunt, empfindlich und reagieren gereizt auf jede Art von Kritik.

Die anderen Haltungen, die Cassian als Folge und Ausdruck der Akedia beschreibt, hängen alle innerlich zusammen: *Unruhe* (inquietudo), *Herumvagabundieren* (pervagatio), *Wankelmütigkeit* (instabilitas mentis et corporis), *Gerede* (verbositas) und *Neugier* (curiositas). Müdigkeit zeigt sich oft in einer inneren Unruhe. Da gehen Menschen abends, wenn sie müde sind, nicht ins Bett, sondern sind noch voller Unruhe. Sie möchten noch das oder jenes im Haushalt erledigen. Aber sie schaffen es nicht, eine Arbeit zu Ende zu bringen. Sie greifen nur hierhin und dorthin. Aber es kommt nichts dabei heraus. Sie haben keinen inneren Halt. In dieser Müdigkeit ist man nicht fähig zu einem wirklichen Gespräch. Das Gespräch verkommt zum Gerede. Man ist auf alles neugierig, aber interessiert sich nicht wirklich für etwas oder für einen konkreten Menschen.

Der Philosoph Martin Heidegger nennt die Neugier ein »spezifisches Unverweilen beim Nächsten«. Sie ist »zerstreute Aufenthaltslosigkeit«. Der Müde ist hier nicht aufmerksam für das eine oder den einen, sondern er ist ohne Präsenz. Er ist nicht wirklich anwesend. In seiner Müdigkeit entzieht er sich der Begegnung und dem Augenblick. Er ist innerlich aufenthaltslos.

Peter Handke spricht von der hässlichen und bösartigen Müdigkeit, von der entzweienden Müdigkeit und von der Alleinmüdigkeit, die mich isoliert und von den Menschen und von der Welt trennt. Ähnlich kennen die Mönche eine Form von Müdigkeit, die Weigerung ist, im Augenblick zu sein, Weigerung, sich für Gott und für den Mitmenschen zu öffnen. Aber wie Handke kennen die Mönche auch die »kläräugige« und einende Müdigkeit, die Müdigkeit, die Ausdruck einer inneren Wachheit für das Eigentliche, Hintergründige ist, letztlich ein Aufwachen zur Wirklichkeit, wie de Mello die Mystik beschreibt. Weil vieles in der Müdigkeit verdeckt wird, kann das Eigentliche offenbar werden, der innere Zusammenhang allen Seins.

Die Frage ist, wie ich von der hässlichen und zerstreuenden Müdigkeit zur guten und einenden Müdigkeit komme. Die Mönche haben dafür verschiedene Wege beschrieben. Ein weiterer früher Mönch der ägyptischen Wüste, Evagrius Ponticus, gibt dazu folgende Mittel an:

> Lesung, Nachtwachen und Gebet sind die Mittel, die einem unruhigen Geist zur Ruhe verhelfen.

Praktikos 15

Die klare Ordnung des Tages, die geprägt ist von Gebet und Arbeit, von Lesung und Gebet, hilft, die innere Unordnung in Ordnung zu bringen. Die Akedia als die »hässliche Müdigkeit« führt den Mönch dazu, aus der Zelle zu gehen und überall herumzustreunen, sowohl in seinen Gedanken als auch in der Realität. So gibt Evagrius den Rat:

> In der Stunde der Versuchung solltest du nicht nach mehr oder minder glaubhaften Vorwänden suchen, deine Zelle zu verlassen, sondern entschlossen dort bleiben und geduldig sein. Nimm einfach an, was die Versuchung über dich bringt. Vor allem sieh dieser Versuchung der Akedia ins Auge, denn sie ist die schlimmste von allen, sie hat aber auch die größte Reinigung der Seele zur Folge. Vor solchen Konflikten zu fliehen oder sie zu scheuen macht den Geist ungeschickt, feige und furchtsam.
>
> Praktikos 28

Es gibt die Müdigkeit, die mich dazu antreibt, vor mir zu fliehen. Ich verwandle diese Müdigkeit in eine gute, spirituelle und mystische Müdigkeit, indem ich sie einfach wahrnehme. Ich nehme meine Gedanken wahr, die hin und her streunen. Aber ich bleibe bei mir. Ich lasse mich von der Müdigkeit nicht beherrschen und nicht aus meiner Mitte vertreiben. Ich schaue sie vielmehr an und beobachte, was sie mit mir macht.

Evagrius nennt das: der Müdigkeit ins Auge schauen. Das führt zur Reinigung der Seele. In der Müdigkeit taucht alles auf, was Cassian beschreibt: die Schläfrigkeit, die schlechte Laune, die Unruhe, das Herumvagabundieren, die Wankelmütigkeit, das Gerede und die Neugier. Wenn ich der Müdigkeit ins Auge schaue, dann erkenne ich den Grund meiner schlechten Laune, meiner Flucht in die Schläfrigkeit, meines Herumvagabundierens. Ich mag mich selbst nicht, ich halte mich nicht aus. Denn ich bin nicht so, wie ich mir das in meinen Idealvorstellungen ausgedacht habe. Ich bin ein Mensch, müde geworden in den Idealen, zerstreut, von Emotionen beherrscht.

Wenn ich das – wie Evagrius meint – vor Gott aushalte, wenn ich Gott alles, was in der Müdigkeit in meiner Seele auftaucht, hinhalte, wird meine Seele gereinigt. Dann führt mich die Müdigkeit in den Grund der Seele, in dem sie klar ist, frei von all den oberflächlichen und unruhigen Gedanken und Gefühlen. Dann wird die Müdigkeit, vor der ich nicht fliehe, sondern der ich ins Auge sehe, zu einem Weg nach innen, zum Grund meiner Seele. Wenn ich aber in Müdigkeit, in Dösen und Herumvagabundieren ausweiche, wird mein Geist feige und furchtsam, dann verliert er alle Spannkraft.

Der persönliche Umgang mit der Müdigkeit

Oft sind Menschen müde geworden, weil sie jahrelang ihre Müdigkeit unterdrückt haben. Sie haben nicht wahrgenommen, dass sie sich ausgenutzt fühlten. Sie haben auf die inneren Impulse ihrer Seele nicht geachtet, und sie haben die körperliche Müdigkeit überspielt, indem sie einfach weiter funktioniert haben oder sich mit Kaffee oder anderen Aufputschmitteln wach gehalten haben. Daher ist der erste Schritt, mit seiner Müdigkeit umzugehen, sie sich einzugestehen. Wenn ich mir meine Müdigkeit eingestehe, kann ich sie durchaus genießen.

Wenn ich zum Beispiel um siebzehn Uhr aus dem Büro der Verwaltung oder von Gesprächen im Recollectio-Haus komme, dann lege ich mich fünfzehn Minuten aufs Bett. Ich stelle meinen Wecker ein, dass er mich nach fünfzehn Minuten wieder weckt. Aber in diesen fünfzehn Minuten genieße ich die Schwere. Mein Körper liegt schwer auf dem Bett. Ich fühle mich schwer und müde. Aber zugleich fühle ich mich dankbar. Ich habe mich für Gott und für die Menschen müde gearbeitet. Ich spüre mich in meiner Müdigkeit. Ich gönne mir in dieser Zeit, nichts zu tun, an nichts zu denken. Ich überlasse mich einfach der Müdigkeit. Dann fühle ich mich getragen und geborgen. Ich darf einfach sein. Wenn ich dann nach fünfzehn oder zwanzig Minuten wieder aufstehe, bin ich frisch und setze mich noch gerne hin, um etwas zu lesen. Oder wenn ich zu einem Vortrag fahren muss, habe ich das Gefühl, dass ich erholt zum Vortrag fahren kann.

Wenn eine Grippe im Anflug ist, fühle ich mich oft schlapp und müde. Ich gönne mir dann aber, mich mittags länger ins Bett zu legen und die Müdigkeit zuzulassen. Würde ich dagegen kämpfen, weil ich meine, ich müsste meine Grippe mit starken Medikamenten möglichst unterdrücken, dann hätte ich länger mit ihr zu kämpfen. Wenn ich jedoch die Müdigkeit zulasse und mir gönne, dass ich jetzt keine Lust habe zum Schreiben oder Arbeiten oder zu Gesprächen, dann geht es mir besser.

Aber ich spüre dann auch die Herausforderung der Müdigkeit. Die körperliche Müdigkeit – hier nicht nur bedingt durch die Arbeit, sondern auch durch die Krankheit – zeigt mir, dass ich nicht einfach so viel arbeiten kann, wie ich will. Der Körper zeigt mir die Grenzen auf. Und der Körper signalisiert mir in diesem Augenblick: Es ist nicht selbstverständlich, dass du immer neue Ideen hast, dass du all das schreiben kannst, was du dir vorgenommen hast. Es kann auch sein, dass du eine Zeit aushalten musst, in der nichts geht, in der du vor dem Computer sitzt und nur Leere und Antriebslosigkeit spürst. Diese Antriebslosigkeit einmal zuzulassen tut mir gut. Ich gestehe mir ein, dass ich jetzt absolut keine Lust zu einem Gespräch mit einem Klienten habe oder keine Lust habe zum Schreiben. Ich brauche die Zeit für mich. Ich gestehe mir ein, dass ich bedürftig bin, bedürftig nach Ruhe, nach Zuwendung, nach Umsorgtwerden. Bei vielen Menschen habe ich erfahren, dass sie diese Erfahrungen übergehen. Und dann werden sie wirklich antriebslos. Dann haben sie zu nichts mehr Lust. Das Gefühl von Müdigkeit, Antriebslosigkeit, Lustlosigkeit, Enttäuschung gehört zu uns Menschen. Wenn wir es zulassen, dann finden wir unser Maß. Dann finden wir zu unserer Mitte. Und wir spüren, dass es ein Geschenk ist, wenn unser Leben Frucht bringt, wenn uns die Arbeit von der Hand geht und wenn unsere Gedanken andere befruchten. Die Müdigkeit lädt mich ein, mich nicht von meiner Leistung her zu definieren, sondern vom Sein. Wenn ich krank bin und mich müde und antriebslos fühle, dann genieße ich es, einfach zu sein, nichts zu leisten, mich nicht beweisen und nichts tun zu müssen, sondern nur zu sein.

Die Müdigkeit zeigt mir also meine Grenzen auf. Ich sollte sie nicht überspringen. Aber dabei ist die Müdigkeit nicht immer eine Einladung, nichts zu tun. Ich soll vielmehr kreativ mit der

Müdigkeit umgehen. Manche sagen, sie könnten morgens nicht meditieren, da seien sie noch zu müde. Ich kenne diese Ausrede auch. Wenn ich manchmal zu spät nach Hause komme, denke ich, ich könnte nach dem Frühchor noch die fünfundzwanzig Minuten auf dem Bett gut brauchen. Da könnte ich ja auch etwas meditieren. Das wäre sinnvoller, als mich vor meine Christus-Ikone zu setzen und zu meditieren. Doch wenn ich mich dann trotzdem zur Meditation setze, spüre ich, dass die Müdigkeit mich nicht an der Meditation hindert. Im Gegenteil, in der Müdigkeit tauchen nicht so viele Gedanken auf. Ich überlasse mich einfach dem Atem und dem Jesusgebet, das ich mit dem Atem verbinde. Dann wird es oft eine intensive Meditation.

Eine andere Erfahrung, die ich mit der Müdigkeit mache, erlebe ich beim Autofahren. Manchmal spüre ich, wenn ich nachts von den Vorträgen heimfahre, Müdigkeit. Ich höre dann Kantaten von Johann Sebastian Bach, die mich begleiten. Aber hin und wieder erlebe ich, dass die Musik die Müdigkeit nicht vertreiben kann. Ich erlebe dann, dass ich für einen Augenblick wegnicke. Dann schalte ich die Musik aus und fange an, selber zu singen. Zuerst meine Lieblingsstücke des gregorianischen Chorals und dann Volkslieder, die meine Seele berühren. Das Singen hält mich wach. Wenn ich singe, dann werde ich lebendig. Das Singen verhindert den Sekundenschlaf.

Die Müdigkeit lädt mich ein, das zu tun, was jetzt angemessen ist. Wenn ich abends müde bin, kann ich nicht lesen. Denn beim Lesen döse ich weg. Da muss ich mich zu sehr konzentrieren, vor allem, wenn es ein theologisches Buch ist. Doch schreiben geht immer. Wenn ich zu müde bin, korrigiere ich alte Texte. Oder aber ich versuche, trotz der Müdigkeit einfach das zu schreiben, was gerade kommt. Wenn ich in der Verwaltung müde bin, kann ich trotzdem die Mails beantworten. Ich kann dann keine Akten studieren. Aber die einfachen Tätigkeiten sind möglich. Die Müdigkeit zeigt mir meinen inneren Rhythmus auf. Wenn ich meinem Rhythmus folge, kann ich effektiv arbeiten. Verleugne ich ihn aber und zwinge mich zu Arbeiten, die ihm widersprechen, dann überfordere ich mich. Dann wird die Müdigkeit nicht mehr zu einer Einladung, das Richtige zu tun, sondern zu einer Dauerbegleitung. Sie kann zur chronischen Müdigkeit werden. Oder aber sie wird zum Gegner, den ich ständig mit Kaffee oder sonstigen Aufputschmitteln bekämpfen muss. Wenn ich meine Müdigkeit wahrnehme, dann werde ich entweder das tun, was in der müden Phase getan werden kann – einfache Arbeiten, Routinearbeiten –, oder aber sie lädt mich zu einer kurzen Pause ein. Ich lehne mich dann für fünf Minuten im Sessel zurück, mache einen kurzen Spaziergang oder ich gehe auf die Toilette. Ich unterbreche die Arbeit, um wieder mit mir und meiner inneren Quelle in Berührung zu kommen. Jeder hat da seine eigenen Methoden. Wichtig ist, dass wir uns die Müdigkeit eingestehen. Dann wird sie uns zu kurzen Ruhephasen während der Arbeit einladen. Wir werden dann in unserer Arbeit nicht gehemmt, sondern im Gegenteil befruchtet und motiviert. Wir zwingen uns nicht zur Arbeit, sondern wir freuen uns an der Arbeit, weil wir sie unserem inneren Rhythmus anpassen.

Es fällt uns nicht so leicht, die eigene Müdigkeit zuzugeben. Nach außen haben wir den Anspruch, immer fit zu sein, immer aktiv an den Besprechungen teilnehmen zu können. Wir überdecken unsere Müdigkeit, indem wir unsere Wichtigkeit nach außen hin demonstrieren. Wir machen in dem Zirkus mit, in dem wir uns immer als wache Mitentscheider präsentieren. In Wirklichkeit haben wir gar keine Lust zu entscheiden. Und in Wirklichkeit sind wir den ganzen Zirkus satt. Wenn ich die Müdigkeit, die ich bei meinen Besprechungen wahrnehme, lange überspiele, dann wird sie sich zu einer chronischen Müdigkeit hin entwickeln. Dann habe ich bald gar keine Lust mehr und kann gegen die Müdigkeit nicht mehr ankämpfen. Sie hat mich im Griff. Daher wäre es gut, mir früh genug die Müdigkeit einzugestehen und vor mir selbst zuzugeben, dass ich gar keine Lust habe, bei diesem Theater mitzumachen, das in der Führungsrunde gespielt wird. Wenn ich mir zugestehe, dass ich müde bin, kann ich mich auch wieder motivieren, trotz meiner Müdigkeit weiterzuarbeiten und mich weiterhin zu engagieren. Ich unterdrücke dann meine Müdigkeit nicht, sondern nehme sie an. Doch ich kann mich zugleich von ihr distanzieren und für diesen Augenblick versuchen, präsent zu sein. Aber die Müdigkeit gibt mir auch den Mut, meine Gefühle zu zeigen. Ich wage zu sagen, dass ich anzweifle, ob das, was wir gerade besprechen oder tun, sinnvoll ist. Wenn ich meine Müdigkeit auch vor anderen zugestehe, kann sie zur Herausforderung werden, etwas zu ändern, uns über die wahren Ziele unserer Firma zu unterhalten und uns nach der Sinnhaftigkeit unseres Tuns zu fragen.

Wir interpretieren Müdigkeit häufig als negativ. Daher verdrängen wir sie. Aber es gibt wie gesagt auch die positive Müdigkeit. Wenn wir eine lange Wanderung gemacht haben, in der wir uns körperlich angestrengt haben, dann kehren wir mit einer guten

Müdigkeit nach Hause. Wir trinken vielleicht noch voller Genuss ein Bier und fallen dann müde ins Bett. Allerdings gibt es auch die Überanstrengung bei einer Bergwanderung, bei der wir dann nachts nicht schlafen können. Wenn wir zu müde sind, dann gelingt auch der Schlaf nicht. Unser Körper hat offensichtlich ein gutes Gespür, welche Art von Müdigkeit uns guttut. Auf die eine Art reagiert er mit einem gesunden Schlaf, auf die andere mit Schlaflosigkeit.

Wenn wir in uns eine Müdigkeit spüren, die uns jede Kraft und jeden Schwung raubt, die uns zynisch oder sarkastisch werden lässt, dann ist es höchste Zeit, diese Gefühle anzuschauen und sich zu fragen, was sie uns sagen möchten. Alle Gefühle haben immer einen Sinn. Wir sollen die Müdigkeit nicht gleich bewerten, sondern sie einfach anschauen. Was will sie mir sagen? Soll ich Abschied nehmen von Illusionen? Verweigere ich das Leben, weil ich nicht mehr im Mittelpunkt stehe? Steckt in meiner Müdigkeit ein Stück Rache gegen die, die mich kritisiert haben und die es nun besser machen sollten. Kenne ich solche Gedanken wie: »Die werden schon sehen, wohin sie kommen mit ihren Ideen, mit ihrem mangelnden Engagement, mit ihrer Bequemlichkeit«? Dann wäre die Müdigkeit eine Einladung, mir meiner wahren Motive bei allem, was ich tue, bewusst zu werden. Die Müdigkeit zeigt mir, dass ich nicht einfach selbstlos arbeite, dass ich mich nicht auf die Arbeit und die Menschen einlasse, sondern dass ich Nebenabsichten habe: Es geht mir dabei oft auch um meine Anerkennung. Wenn ich dann diese nicht bekomme, werde ich müde. Die Müdigkeit zwingt mich zur Ehrlichkeit mir selbst gegenüber.

Gestatte ich mir das Gespräch mit meiner Müdigkeit, werde ich noch anderes in mir und an mir entdecken. Ich werde meine Grenzen erkennen. Dann ist es meine Aufgabe, mich mit meinen Grenzen auszusöhnen und gut mit mir umzugehen, anstatt mich immer wieder anzutreiben, noch mehr zu leisten. Und die Müdigkeit zwingt mich innezuhalten. Ist das, was ich gerade tue, stimmig für mich? Oder ist jetzt etwas anderes dran? Sollte ich mich von manchen Aufgaben verabschieden? Oder sollte ich mich nur von meinen Vorstellungen verabschieden, die ich mit meiner Arbeit und mit meinem Leben verbinde? Die Müdigkeit zeigt, dass etwas zu Ende geht. Nicht nur die körperliche Kraft geht zu Ende, sondern auch eine Vorstellung, eine Illusion, die ich mir vom Leben gemacht habe. So ist die Müdigkeit immer auch die Einladung, aufzuwachen zu mir selbst, zur Wirklichkeit und zu Gott. Die Müdigkeit fordert mich heraus, mich von meinen alten Rollen zu verabschieden und mich mit der neuen Rolle anzufreunden, die mir das Lebensalter oder die Lebensumstände aufdrängen.

Müdigkeit will also zur Erneuerung führen. So wie der Schlaf uns erfrischt, damit wir erholt den neuen Tag beginnen können, so will uns die Müdigkeit innerlich erneuern. Sie zeigt uns, dass wir neue Motive brauchen, um das, was wir tun, ohne Ermüdungserscheinungen tun zu können. Sie lädt uns ein, uns von neuem auf diesen Augenblick einzulassen, frei von allen Nebenabsichten. Nicht die Arbeit ermüdet uns, sondern die Nebenabsichten, die wir damit verbinden. Wenn die Arbeit einfach aus der inneren Quelle strömt, dann hält sie uns lebendig, dann ist sie Ausdruck des Fließens. Fließen ist nicht anstrengend. Es ermüdet nicht. Was ermüdet, ist das Steckenbleiben, das Sich-Festbeißen an irgendwelchen Dingen. So ist die Müdigkeit eine Anfrage an mich, ob ich wirklich durchlässig bin für Gottes Geist oder ob ich mich bei allem, was ich tue, selbst beweisen muss.

Das Lob der Müdigkeit in der Philosophie

In der abendländischen Geschichte begegnen wir immer wieder dem Lob der Müdigkeit. In der Antike waren es vor allem die stoischen Philosophen, die das Lob der Müdigkeit gesungen haben. Dieses Lob wird hörbar in ihrem Preisen der Muße. Sowohl die Griechen als auch die Römer haben die Muße gepriesen. Es ist die freie Zeit, die zweckfrei dem wahren Tun des Menschen gewidmet ist, dem empfangenden Wahrnehmen dessen, was ist. Und sie ist den freien Künsten, der Philosophie und Theologie gewidmet. Muße hat auch mit Kult zu tun. Josef Pieper hat sein Buch über Muße »Muße und Kult« genannt. Und er setzt über sein Werk ein Wort Platons, das den Kult als den Ort bezeichnet, an dem die Müdigkeit des Menschen verwandelt wird:

> Die Götter aber, sich erbarmend über der Menschen zur Arbeit geborenes Geschlecht, haben ihnen, zur Erquickung in der Mühsal, die wiederkehrenden Götterfeiern gesetzt und ihnen zu Festgenossen die Musen und den Musenführer Apollon und den Dionysos gegeben, auf dass sie, sich nährend im festlichen Umgang mit den Göttern, wieder Geradheit empfingen und Richte.
>
> Pieper 11

Die müde gewordenen Menschen erfahren im Kult Erfrischung. Sie werden wieder aufgerichtet. Sie werden befreit von der Last der Arbeit und von ihrer Fixierung auf die Arbeit, die unsere Gesellschaft heute prägt.

Die Römer nannten die Muße otium. Es ist die Zeit der Ruhe, die Zeit, die ich genießen kann, die freie Zeit, die mir inneren Frieden schenkt. Bei den Griechen heißt Muße »schole«. »Schole« kommt von »echein = haben, halten, innehalten«. Das deutsche Wort »Schule« meint daher, dass wir im Innehalten das erwerben, was wir zum Leben brauchen. Für die Griechen war die Muße ein Innehalten, um das Eigentliche zu bekommen und den inneren Reichtum der Seele zu entdecken. Die Muße ist für sie ein Kennzeichen des freien Menschen, der nicht unter der Sklaverei der Arbeit steht, sondern der sich Zeit lässt, die Wahrheit der Welt zu erkennen, der die Dinge sein lässt. Pieper beschreibt die Muße so:

> Die Muße ist nicht die Haltung dessen, der eingreift, sondern dessen, der sich öffnet; nicht dessen, der zupackt, sondern dessen, der loslässt, der sich loslässt – fast wie ein Schlafender sich überlässt.
>
> Pieper 53

Aus dieser inneren Muße heraus fließt dann durchaus fruchtbare Arbeit. Aber diese Arbeit hat nicht den Geschmack des Mühseligen und Schweren, des Angestrengten und Angespannten. Heute versucht der arbeitende Mensch den Eindruck zu vermitteln, dass er viel zu tun habe, dass es schwer ist, diese Arbeitsstelle zufriedenstellend auszufüllen, und dass es großer Mühe bedarf, jeden Tag den Berg an Arbeit zu leisten. Der typisch deutsche Philosoph Immanuel Kant spricht von »herkulischer Arbeit« und meint damit auch seine geistige Arbeit. Sie sei anstrengend und koste die ganze Mühe des Menschen. Dem entspricht die Ethik, die aus der Kant'schen Philosophie entspringt. Der natürliche Trieb, so meint Kant, widerstrebe dem sittlichen Gesetz. Daher gehöre es

> zur Natur der Sache, dass das Gute schwer ist und dass die willentliche Anstrengung der Selbstbezwingung zu einem Maßstab des sittlich Guten wird.
>
> Pieper 31

Demgegenüber weiß die Philosophie, die den Griechen und Römern verpflichtet ist, dass das Wesen der Tugend im Guten und nicht im Schweren liegt.

Thomas von Aquin, der die Philosophie der Antike in seine christliche Philosophie und Theologie integrierte, meint, das Wesen der Tugend bestehe darin, dass wir unseren natürlichen Neigungen folgen und dass uns das Gute mühelos gelingt. Es liegt eine andere Anschauung von Welt und Mensch in dem antiken Begriff der Muße. In unserer von der Arbeit bestimmten Welt tut es uns gut, über das Geheimnis der Muße nachzudenken.

Die Römer definierten die Arbeit als »Nicht-Muße«, als »negotium«. Das bedeutet nicht, dass die Römer nicht gearbeitet haben. Wir können heute ihre erstaunlichen Leistungen im Städtebau und im Straßenbau, in der Organisation ihres Weltreiches, allerorten bewundern. Aber – so glauben die Römer – die wahre Arbeit brauche die Muße, damit sie Frucht bringt und das Angestrengte und Angespannte verliert.

Muße ist für die Römer eine Haltung und ein Zustand der Seele. Muße meint die Haltung des Geschehenlassens, des Schweigens und der Ruhe. Ich muss die Welt nicht ständig verändern. Ich lasse sie erst einmal so, wie sie ist. Ich bestaune und bewundere sie in ihrer Schönheit. Ich nehme wahr, was sie mir sagen möchte. Ich lasse die Pflanzen wachsen. Ich lasse die Menschen sein, wie sie sind. Ich stehe nicht unter dem Druck, alles um mich herum und vor allem meine Mitmenschen ständig ändern zu müssen. Erst wenn ich sie lassen kann, wie sie sind, entdecke ich, wohin sie sich entwickeln möchten und wie ich ihnen beistehen kann, diejenigen zu werden, die sie von ihrem innersten Wesen her sind.

Muße ist also die Fähigkeit, still zu werden und zu schweigen. Nur wer schweigt, vermag zu hören. Im Hören horche ich mich in das Geheimnis der Dinge hinein. Ich erforsche nicht angestrengt die Naturgesetze, sondern ich horche in die Natur hinein, was sie mir von sich aus sagen möchte. Ich höre auf die Menschen. Selten habe ich sofort Antworten auf ihre Fragen. Ich höre erst einmal, was sie bewegt und was ihre tiefste Sehnsucht ist. Wer sich der Muße überlässt, der kann das Geheimnis der Dinge stehen lassen. Er muss nicht alles wissen. Er bestaunt das Geheimnis des Seins. Nur so wird er der Tiefendimension der Dinge gewahr. Und die Muße ist bestimmt von Heiterkeit. Wir verdanken der griechischen Philosophie ganz wichtige Einsichten in das Geheimnis des Menschen. Aber das Erkennen derer, die noch die Muße kannten, war frei von der Verbissenheit heutiger Forscher. Die griechischen Philosophen haben die Menschen, das Leben und die Welt angeschaut. Weil sie frei waren, ein Ergebnis erzielen zu müssen, sind sie gerade so den Dingen auf den Grund gegangen und haben auf diese Weise tiefe Einsichten in das Geheimnis des Menschen und in das Geheimnis Gottes erlangt. Die Muße ist der Ort der »theoria«, der Kontemplation, der Schau des Wesens der Dinge. Nicht vielerlei will ich wissen, sondern das Wesen des Seins erkennen. Muße ist nicht identisch mit Müdigkeit. Aber manche Aussagen der römischen Philosophen über die Muße können wir durchaus auch auf die Müdigkeit anwenden. Die Müdigkeit lädt uns ein, uns dem Geheimnis der Welt und des Menschen zu widmen, wahrzunehmen und nicht immer alles ändern zu wollen.

Dieses Lob der Muße wird bei Peter Handke und Byung-Chul Han zu einem Lob der Müdigkeit. Für den koreanischen Philosophen Han wird das Lob der Müdigkeit gleichsam zu einer Therapie für unsere Zeit. Er spricht von unserer Zeit als einer Zeit, in der zu viel Positivität die Menschen krank macht. Das führt zur Leistungsgesellschaft, die »psychische Infarkte hervorruft« (Han 20). Der Leistungsdruck bewirkt »die erschöpfte, ausgebrannte Seele«.

> Dem neuen Menschentyp, der dem Übermaß an Positivität wehrlos ausgeliefert ist, fehlt jede Souveränität. Der depressive Mensch ist jenes animal laborans, das sich selbst ausbeutet, und zwar freiwillig, ohne Fremdzwänge.
>
> Han 21

In diesem Klima, sich immer mehr Leistung abzuverlangen, fehlt das kontemplative Element, der Sinn für Beschaulichkeit, aus der Neues entstehen kann. So zitiert Han Friedrich Nietzsche:

> Aus Mangel an Ruhe läuft unsere Zivilisation in eine neue Barbarei aus. Zu keiner Zeit haben die Tätigen, das heißt die Ruhelosen, mehr gegolten. Es gehört deshalb zu den notwendigen Korrekturen, welche man am Charakter der Menschheit vornehmen muss, das beschauliche Element in großem Maße zu verstärken.
>
> Han 29

Die wichtigste Aufgabe der Bildung, wie sie Friedrich Nietzsche versteht, besteht darin, die Menschen das Sehen zu lehren. Die Muße (die »schole«, die Schule) ist der Ort, an dem die Menschen das richtige Sehen lernen. Denn – so meint Nietzsche – wer das Sehen nicht gelernt hat, dessen Tätigkeit ist dumm. Sie gleicht der Tätigkeit einer Maschine. Man kann sie nicht unterbrechen. Sie führt zur Ermüdung.

Gegenüber dieser Ermüdung durch ein Zuviel an »dummer Arbeit« plädiert der koreanische Philosoph für eine Müdigkeit, die inspiriert, für eine Müdigkeit des »nicht-zu«. Er bezieht sich dabei auf das biblische Sabbatgebot:

> Der Sabbat, der ursprünglich aufhören bedeutet, ist ein Tag des nicht-zu, ein Tag, der befreit ist von jedem um-zu, um mit Heidegger zu sprechen, von jeder Sorge. Es handelt sich um eine Zwischenzeit. Nach seiner Schöpfung erklärte Gott den

siebten Tag für heilig. Heilig ist also nicht der Tag des um-zu, sondern der Tag des nicht-zu, ein Tag, an dem der Gebrauch des Unbrauchbaren möglich wäre. Er ist der Tag der Müdigkeit.

Han 60

Han nennt die Zeit der Müdigkeit, diese Zwischenzeit, eine Spielzeit und unterscheidet sie von der Zeit Heideggers, »die im Wesentlichen eine Zeit der Sorge und Arbeit ist« (Han 60). Die Müdigkeit führt nach Handke und Han zur Gelassenheit. Auch hier greifen beide Autoren auf einen Wert der Mystik zurück, auf die Gelassenheit des Meister Eckehart, die ein Geschehenlassen bedeutet. Das Eigentliche geschieht, wenn wir es lassen, wie es ist, wenn wir Gott wirken lassen. Handke stellt sich die Pfingstgesellschaft, die den Heiligen Geist empfing,

› durch die Bank müde vor. Die Inspiration der Müdigkeit sagt weniger, was zu tun ist, als was gelassen werden kann.

Handke 74

Der koreanische Philosoph Han greift dieses Bild Handkes auf und meint, die Pfingstgesellschaft

› ist eine Gesellschaft der Müden im besonderen Sinne. Wäre die »Pfingstgesellschaft« ein Synonym für die künftige Gesellschaft, so könnte die kommende Gesellschaft auch Müdigkeitsgesellschaft heißen.

Han 61

Für Han ist das nicht die müde Gesellschaft, sondern eine Gesellschaft, die uns befreit von der zu großen Positivität des immer Mehr und immer Schneller. Sie führt uns zur Gelassenheit, zur Kontemplation und zur Inspiration. Nicht die müde Gesellschaft, die erschlafft ist, ist das Heilmittel für unsere Zeit, sondern eine Gesellschaft, in der die Müdigkeit wahrgenommen wird als eine Seinsweise des Menschen. Sie könnte zu einer »Pfingstgesellschaft« werden, die zu einem neuen Aufbruch führt, die sensibel ist für die Regungen des Heiligen Geistes. Der Mensch braucht die Wachheit und die Aggression, um etwas anzupacken, die Lust, etwas zu tun und diese Welt zu gestalten. Er braucht aber auch die Müdigkeit, um innezuhalten, um seine Grenze zu erkennen und um die Welt mit anderen Augen anzuschauen, mit Augen, die in die Tiefe gehen und nicht an der Oberfläche hängen bleiben. Oder – mit den Worten der griechischen Philosophie gesprochen – unsere Gesellschaft braucht die Muße. Denn die Kraft zur Muße

> gehört zu den Grundkräften der menschlichen Seele. Sie ist, ebenso wie die Gabe des kontemplativen Sichversenkens in das Seiende und die Fähigkeit zur festlichen Erhebung des Gemütes, die Kraft, in der Überschreitung der Arbeitswelt Berührung zu gewinnen zu übermenschlichen, Leben spendenden Seinsmächten, die uns dann erquickt und erneuert in den wachen Werktag entlassen.
>
> Pieper 58

Dieses Lob der Müdigkeit gilt natürlich nicht der hässlichen und entzweienden Müdigkeit, sondern nur der kläräugigen, einenden

Müdigkeit, wie sie Handke beschrieben hat. Für mich bedeutet das Lob der Müdigkeit: mir zu gönnen, dass ich müde bin, mir zu gönnen, dass ich auch mal faul bin, dass mir gerade nichts einfällt und ich gerade keine Lust habe zu arbeiten. Ich habe keine Lust, die Probleme der anderen zu lösen, oder etwas Sinnvolles für andere zu tun.

Müdigkeit ist die Einladung, mal für mich zu sein, ohne dass etwas dabei herauskommen muss. Ich muss nicht meditieren, um auf meinem spirituellen Weg weiterzukommen. Ich muss kein Buch lesen, um neue Einsichten zu erhalten. Ich darf es einfach mal genießen, da zu sein und mich der Müdigkeit zu überlassen. Dann wird es eine Müdigkeit, in der ich ganz bei mir selbst bin.

Zugleich aber ist es eine Müdigkeit, die mich mit anderen verbindet. Wenn ich mich nach getaner Arbeit müde auf mein Bett lege, dann bin ich bei mir. Aber meine Gedanken gehen über mich hinaus. Es entstehen Bilder in dieser Müdigkeit: Bilder, die mich eins sein lassen mit allem, was ist, die mich öffnen für das Hintergründige des Lebens, die mich letztlich öffnen für Gott. In dieser Müdigkeit spüre ich zugleich Dankbarkeit für mein Leben, Dankbarkeit, dass trotz meiner Müdigkeit so viel in mir und durch mich entstanden ist. Aber ich spüre zugleich eine große Freiheit: Ich muss gar nichts weiter tun. Ich muss nicht weitere Ideen entwickeln. Ich muss weder die Kirche noch die Gesellschaft retten. Ich darf einfach für mich selbst sein. Und zugleich entdecke ich eine tiefe innere Verbundenheit mit allen Menschen, mit allem, was ist, mit Gott, dem Grund allen Seins. Diese Erfahrung hat wohl auch Siddharta gemacht, so wie sie Hermann Hesse versteht. Als Siddharta müde am Ufer lag, müde von allen asketischen Bemühungen, müde von aller Erfahrung von Lust, da fühlte er sich auf einmal tief verbunden mit den »Kindermenschen«. Da brach die Überheblichkeit in ihm zusammen, in der er sich über die anderen gestellt hatte. Jetzt war er einer von ihnen. Jetzt fühlte er eine tiefe Verbundenheit und Liebe zu allen Menschen.

Das Lob der Müdigkeit, wie es Peter Handke und Byung-Chul Han heute anstimmen, greift das Lob der Faulheit auf, das die Romantik besungen hat. Die romantischen Dichter und Denker störten sich an der Überbewertung des Fleißes in der bürgerlichen Gesellschaft der Aufklärung. Ähnlich wie heute in der Leistungsgesellschaft galt in der Zeit der Aufklärung nur die Leistung. Damals setzte man den Akzent auf geistige Leistung. Gegen diese einseitige Betonung des Fleißes sahen die Romantiker in der Faulheit eine »gottähnliche Kunst« (Schlegel). Sie sahen darin die Ermöglichung, die Welt kontemplativ wahrzunehmen. R. Klopffleisch hat dieses Lob der Faulheit heute aufgegriffen, indem er gegenüber der heutigen Leistungsgesellschaft für eine Pflicht zur Faulheit eintritt. (Wolfram Winger, Faulheit LTHK 1197f)

Allerdings wird hier der Begriff der Faulheit gegenüber dem ursprünglichen Sprachsinn verfremdet. Denn Faulen im Deutschen meint: in Verwesung übergehen, verderben, stinken. Was das Lob der Faulheit meint, entspricht eher dem Lob der Muße, das die Römer besungen und das Thomas von Aquin und Joseph Pieper wieder aufgegriffen haben. Es meint das bewusste Nichttun. Es entspricht der Weisheit des Taoismus, der von Wu-Wei spricht, vom Geschehenlassen. Wir wollen alles in den Griff bekommen, alles beherrschen, alles kontrollieren. Doch damit wird die Welt steril und der Mensch erschöpft. Es braucht Bereiche, in denen wir einfach geschehen lassen. Für C. G. Jung ist das auch eine wichtige Aufgabe für die Seele. Auch da geht es darum, geschehen zu lassen und nicht alles selbst machen zu müssen. Jung spricht davon, dass es Probleme gibt,

> die man mit eigenen Mitteln schlechthin nicht lösen kann. Ein solches Eingeständnis hat den Vorteil der Ehrlichkeit, der Wahrheit und der Wirklichkeit, und damit ist der Grund gelegt für eine kompensatorische Reaktion des kollektiven Unbewussten, das heißt, man ist jetzt geneigt, einem hilfreichen Einfall Gehör zu schenken oder Gedanken wahrzunehmen, die man vordem nicht zu Worte kommen ließ.
>
> Jung 30

Damit unsere Müdigkeit nicht zu einer Faulheit führt, die unsere Seele verfaulen lässt, braucht es das Wahrnehmen und Beobachten. Wenn wir nur faul dahinleben, ohne uns dessen bewusst zu werden, was in uns auftaucht, dann tut das unserer Seele nicht gut. Wenn wir aber bewusst aussteigen aus dem immer Mehr und beobachten, was dann in unserer Seele aufsteigt, dann führt die Faulheit uns zur Wahrheit. Dann stellen wir uns aktiv unserer Wahrheit. Dann lassen wir in unserer Seele die Wahrheit geschehen. Sie wird offenbar. Zugleich aber – so meint C. G. Jung – melden sich in unserer Seele auch die Heilmittel, um das Kranke und Verwirrte in uns zu heilen und um das Müdegewordene wieder zu erfrischen.

Schlussgedanken

Jeder Mensch erfährt Müdigkeit. Wer nicht müde ist, legt sich auch nicht hin zum Schlafen. Wenn wir müde sind, freuen wir uns auf den Schlaf. Und am nächsten Morgen stehen wir erholt und erfrischt wieder auf. Das ist die gute Müdigkeit, die zum Lebensrhythmus gehört. Es gibt aber auch die Müdigkeit als Beschreibung eines kraftlosen und antriebslosen Menschen, der nicht bereit ist, für sein Leben und für seine Welt Verantwortung zu übernehmen. Es gibt die Müdigkeit als soziales Phänomen. Die Gesellschaft kann müde werden. Die Kirchenmüdigkeit und die Politikmüdigkeit werden allenthalben angeprangert. Diese Müdigkeit legt sich wie eine lähmende, erdrückende und schwere Decke über die Psyche des Menschen und über Gemeinschaften und Nationen.

Doch daneben gibt es auch die Müdigkeit, die uns innehalten lässt, die eine Chance ist für einen Neubeginn und die uns öffnet für die kontemplative Dimension des Lebens. In diesem Sinn haben die frühen Mönche die Müdigkeit verstanden. Und in unserer Zeit hat von dieser »klaräugigen Müdigkeit« und von der Müdigkeit, die uns mit den Menschen und der Welt auf neue wortlose Weise verbindet, Peter Handke in seinem Versuch über die Müdigkeit geschrieben. Und der koreanische Philosoph Byung-Chul Han hat diese Müdigkeit als Heilmittel für unsere Gesellschaft erkannt, die sonst den Menschen vor lauter Positivität erschöpft und vor lauter Antreiben zu immer größeren Leistungen ermüdet.

Jedes menschliche Phänomen hat immer zwei Seiten. Es kommt darauf an, dass wir die beiden Seiten der Müdigkeit erkennen und dass wir so mit ihr umgehen, dass sie für uns zum Segen wird. Die Müdigkeit zwingt uns, demütig zu werden, unsere Grenzen anzuerkennen. Und die Müdigkeit öffnet uns für das Hintergründige unseres Lebens. Aber sie kann uns auch zum Überdruss und Lebensekel führen. Es liegt an uns, wie wir die Müdigkeit wahrnehmen und verstehen und wie wir mit ihr umgehen.

Der erste Schritt ist: anzuerkennen, dass wir müde werden und müde sind.

Der zweite Schritt besteht dann darin, die Müdigkeit anzuschauen und ihr – wie Evagrius Ponticus sagt – ins Auge zu sehen, um zu erkennen, was sie uns sagen möchte.

Der dritte Schritt verlangt dann von uns eine Reaktion auf die Müdigkeit: entweder uns zum Schlaf niederzulegen, uns Erholung zu gönnen oder das zu tun, was unserer Müdigkeit entspricht. Oder aber sie lässt uns nach den tieferen Gründen unserer Müdigkeit fragen. Dann könnte uns die Müdigkeit wichtige Aussagen über unsere Seele machen. Wir würden erkennen, was uns so müde gemacht hat und wessen wir müde geworden sind.

Die Müdigkeit lädt uns ein, andere Akzente in unserem Leben zu setzen und manchmal eine andere Richtung einzuschlagen. Das eigentliche Ziel der Müdigkeit ist aber die Kontemplation. Durch die Müdigkeit sollen wir in den Grund unserer Seele gelangen, dorthin, wo die Probleme dieser Welt keinen Zugang haben, wo wir eins sind mit uns selbst, eins mit der Welt und eins mit Gott.

Das ist dann die gute Müdigkeit, die klaräugige und einende Müdigkeit, die uns persönlich und unserer Gesellschaft guttut. In diesem inneren Grund, zu dem uns die Müdigkeit führen möchte, sind wir lebendig und wach. Da sprudelt in uns eine Quelle, die nie versiegt. Wenn wir aus dieser Quelle schöpfen, werden wir nicht erschöpft oder ausgebrannt, sondern redlich müde, um uns in der Müdigkeit wieder von neuem nach innen zu wenden, dorthin, wo wir eins sind mit uns selbst.

Dort, im Grund unserer Seele, bleiben wir wach. Aber es ist keine angestrengte Wachheit, sondern die Wachheit dessen, der die körperliche und seelische Müdigkeit zulässt. Es ist eine Wachheit des reinen Seins. Wir müssen uns nicht wach halten. Wenn wir in der Muße uns nach innen wenden, entdecken wir die Wachheit, die uns die Dinge sehen lässt, wie sie sind. Dann werden wir der Welt nicht müde, sondern mit neuen Ideen diese Welt so gestalten, wie es ihrem Wesen entspricht. Wir werden sie so formen, dass Gottes Traum von der Welt immer mehr aufleuchtet.

Gebete in der Müdigkeit

Wenn Sie zu müde sind, meine hier niedergeschriebenen Gedanken zu lesen und oder sich zur Meditation hinzusetzen, dann können Sie, lieber Leser, liebe Leserin, eines der folgenden Gebete sprechen.

Sprechen Sie am besten laut und langsam die Worte der Psalmen oder der alttestamentlichen Lieder und der Gebete aus der geistlichen Tradition. Es sind uralte Bilder, die die Beter vor dreitausend Jahren geschaffen und mit denen sie ihre innere Müdigkeit Gott hingehalten haben. Vielleicht sind es Bilder, die Ihnen helfen, Ihre eigenen Erfahrungen auszudrücken. Indem Sie Ihre Müdigkeit zum Ausdruck bringen, kann sie sich wandeln. Doch wenn sie sich nicht verwandelt, dann setzen Sie sich nicht unter Druck. Lassen Sie sich einfach von den Worten anregen, sich still hinzusetzen, der Müdigkeit Raum zu lassen und auf die inneren Bilder oder Assoziationen zu achten, die in Ihrer Seele aufsteigen. Vielleicht wird dann Ihre Müdigkeit zu einem Ort einer tiefen spirituellen Erfahrung, zu einem Ort, an dem Sie auf einmal in sich Frieden spüren, an dem Sie erkennen, was für Sie jetzt dran ist.

So wünsche ich Ihnen, dass die Gebete oder einfach nur die Stille Sie in Berührung bringen mit dem Grund Ihrer Seele, in dem all die kreativen Lösungen für Ihren Weg schon bereitliegen. So werden Ihre Müdigkeit und Ihr müder Umgang mit den Gebeten für Sie eine Quelle innerer Erfrischung und Erneuerung, neuer Lust am Leben.

Psalm 69

Münsterschwarzacher Psalter

Rette mich, o Gott!
Das Wasser geht mir bis an die Kehle.
Ich versinke im Schlamm des Abgrunds,
es gibt keinen Halt mehr.
Ich bin in Wassertiefen geraten,
die Flut schlägt über mir zusammen.
Erschöpft bin ich vom Rufen,
es brennt mir die Kehle.
Meine Augen ermatten,
so lange schon harre ich meines Gottes.
Zahlreicher als auf meinem Haupt die Haare
sind jene, die mich grundlos hassen.
Zahllos sind meine Verderber, meine verlogenen Feinde.
Was ich nicht raubte, wie soll ich's erstatten?
Du, o Gott, kennst meine Torheit,
meine Vergehen sind dir nicht verborgen.
Nicht sollen zuschanden werden durch mich,
die auf dich hoffen, Herr, du Herr der Scharen!
Nicht beschämt werden sollen durch mich,
die dich suchen, Gott Israels!
Deinetwegen trage ich Schmach,
bedeckt Schande mein Antlitz.
Fremd geworden bin ich meinen Brüdern,
ein Unbekannter den Söhnen meiner Mutter.
Denn der Eifer für dein Haus hat mich verzehrt,

mich hat das Schmähen derer, die dich schmähen, getroffen.
Ich habe geweint und gefastet –
es brachte mir nur Schmähung ein.
Ich legte einen Sack als Bußkleid an –
und wurde ihnen zum Sprichwort.
Die im Tore sitzen, hecheln mich durch,
den Trunkenbolden wurde ich zum Spottlied.

Ich aber, ich bete zu dir,
Herr, zur Zeit der Gnade:
O Gott, erhöre mich in deiner großen Huld,
kraft deiner rettenden Treue.
Entreiß mich dem Sumpf, damit ich nicht versinke,
damit ich meinen Hassern entkomme, den Tiefen des Wassers,
damit die Wasserflut nicht über mir zusammenschlägt,
der Abgrund mich nicht verschlingt,
damit nicht der Schacht über mir seinen Schlund schließt!
Erhöre mich, Herr, denn gütig ist deine Huld,
wende dich mir zu in deinem großen Erbarmen!
Verbirg dein Antlitz nicht vor deinem Knecht,
denn mir ist angst; eile, erhöre mich.
Nahe dich mir und löse mich aus,
meiner Feinde wegen erlöse mich!
Du weißt ja, wie man mich schmäht,
all meine Widersacher sind dir vor Augen.
Die Schmähung brach mir das Herz,
ich bin krank vor Schmach und Schande.
Ich hoffte auf Mitleid – doch vergebens,

auf Tröster – doch fand ich keinen.
Als Speise gaben sie mir Gift,
tränkten mich in meinem Durst mit Essig.
Mich aber, elend und voller Schmerzen,
mich wird, o Gott, deine Hilfe erhöhen.

Ich will im Lied den Namen Gottes preisen,
danksagend seine Größe mehren.
Das gefällt dem Herrn mehr als ein Stier,
mehr als ein Ochse mit Hörnern und Klauen.
Die Gebeugten sahen es und freuen sich.
Ihr, die ihr Gott sucht, euer Herz soll leben!
Denn der Herr hört auf die Armen:
seine Gefesselten hat er nicht verachtet.
Himmel und Erde sollen ihn preisen,
das Meer und was darin wimmelt.
Denn Gott wird Zion retten,
wird Judas Städte wieder aufbaun.
Man wird dort wohnen und das Land besitzen,
die Nachkommen seiner Knechte werden es erben,
es werden Heimat darin haben, die seinen Namen lieben.

Hymnus der Laudes

Benediktinisches Antiphonale

Du Gott des Lichts, dem Vater gleich,
du Licht, dem unser Licht entspringt,
du ew'ger Tag: hör unser Flehn,
das aus der Nacht zum Himmel dringt.

Entreiße uns der Finsternis
und aller Angst der Erdennacht,
streif ab von uns die Müdigkeit,
die uns zum Guten träge macht.

Du, Christus, bist das Licht der Welt,
der Gott, dem gläubig wir vertraun,
auf den im Dunkel dieser Zeit
wir alle unsre Hoffnung baun.

Aus ganzem Herzen preisen wir
dich, Christus, Herr der Herrlichkeit,
der mit dem Vater und dem Geist
uns liebt in alle Ewigkeit. Amen.

Gebet gegen Resignation

Herr Jesus Christus, in deiner Auferstehung hast du den grauen Morgen meines Alltags verwandelt und in das Licht deiner göttlichen Herrlichkeit getaucht.

Lass mich dich als den Auferstandenen in allen Situationen meines Alltags erfahren: bei meiner Arbeit, in der Vergeblichkeit, in der Enttäuschung, im Miteinander und in der Einsamkeit.

Lass mich erkennen, dass du vom Ufer der Ewigkeit schon eingetreten bist in mein Leben und dass du mein Leben in das milde Licht deiner Liebe eintauchst.

Lass mich mitten in meinem Alltag Auferstehung erfahren, dass ich aufstehe aus dem Grab meiner Angst und Resignation – hinein in das Leben, das du mir schenkst.

Canticum Jesaia 35,1–10

Münsterschwarzacher Cantica

Jauchzen sollen Wüste und Ödland,
die Steppe soll frohlocken und blühn.
Wie die Narzisse soll sie erblühen,
sie soll jubeln und jauchzen vor Lust.
Die Herrlichkeit des Libanon wird ihr zuteil,
die Pracht des Karmel und der Flur von Scharon.
Die Herrlichkeit des Herrn werden sie schauen,
die Pracht unseres Gottes.
Stärkt die schwachen Hände!
Macht fest die wankenden Knie!
Sagt den verzagten Herzen:
»Seid stark und fürchtet euch nicht!
Seht da – euer Gott!
Die Rache kommt, Gottes Vergeltung ist nahe!
Er selber kommt und schafft euch Heil.«
Dann öffnen sich die Augen der Blinden,
und die Ohren der Tauben tun sich auf.
Dann springt der Lahme wie die Gazelle,
und die Zunge des Stummen wird jubeln.
Wasser brechen hervor in der Wüste
und Ströme in der Steppe.
Der dürre Boden wird zum Teich,
zu Wasserquellen das lechzende Land.
Am Ort, an dem Schakale hausten,
da sprossen Rohr und Schilf.

Und dort wird eine reine Straße sein,
man wird sie nennen »Heiliger Weg«.
Dort werden wandeln die Erlösten:
die Befreiten des Herrn kehren heim,
nach Zion kommen sie mit Jauchzen,
ewige Freude über ihren Häuptern.
Es kehren Freude ein und Wonne,
Kummer und Seufzen entfliehn.

Canticum Jesaia 38,10–20

Münsterschwarzacher Cantica

Ich sagte:
In der Mitte meiner Tage muss ich dahingehn,
ich bin entboten zu den Toren der Unterwelt
für den Rest meiner Jahre.
Ich sagte:
Ich werde den Herrn nicht mehr schaun
im Lande der Lebenden,
keinen Menschen mehr sehn bei den Bewohnern der Erde.
Abgebrochen wurde meine Hütte,
mir weggetragen wie ein Hirtenzelt.
Ich wob wie ein Weber mein Leben zu Ende
– da schnitt er mich vom Webstuhl ab.
Noch ehe der Tag zur Nacht wird,
führst du mein Ende herbei.
Bis zum Morgen schrie ich um Hilfe
– da zermalmte er wie ein Löwe mein Gebein.
Noch ehe der Tag zur Nacht wird,
führst du mein Ende herbei.
Ich blicke verschmachtend zur Höhe:
Herr, ich bin in Bedrängnis, tritt für mich ein!
Was soll ich sagen, damit er mir Antwort gibt?
Er hat es ja selber getan!
»Der Herr ist für alle, die leben,
für die, in denen lebendiger Geist ist!«
Siehe, zum Heil wurde mir die Bitternis;

vor der Grube der Vernichtung hast du meine Seele bewahrt,
hast hinter dich geworfen all meine Sünden.
Denn die Unterwelt kann dich nicht rühmen,
der Tod kann dich nicht loben.
Wer in die Grube fuhr, hofft nicht auf deine Treue.
Der Lebende, nur der Lebende preist dich,
wie ich es heute tue.
Der Vater verkündet den Kindern deine Treue:
Der Herr war bereit, mich zu retten!
Darum rühren wir die Saiten im Hause des Herrn
alle Tage unseres Lebens.

Canticum Jesaia 40,12–31

Münsterschwarzacher Cantica

Erhebt eure Augen zur Höhe und seht:
Wer hat die Sterne dort oben erschaffen?
Er ist es, der ihr Heer täglich zählt und herausführt,
der sie alle beim Namen ruft.
Weil er groß ist an Kraft und stark an Macht,
wagt keiner zu fehlen.
Warum sprichst du, Israel:
»Mein Weg ist dem Herrn verborgen,
mein Recht entgeht meinem Gott«?
Weißt du es nicht, hast du es nicht gehört:
Der Herr ist der ewige Gott,
der die Enden der Erde geschaffen!
Er wird nicht müde und ermattet nicht,
unergründlich ist seine Einsicht.
Er gibt dem Müden Kraft,
dem Erschöpften gibt er Stärke in Fülle.
Junge werden müde und ermatten,
junge Männer straucheln und fallen;
die aber auf den Herrn vertraun, erhalten neue Kraft,
es wachsen ihnen Schwingen wie den Adlern;
sie laufen und ermatten nicht,
sie gehen und werden nicht müde.

Psalm 40

Münsterschwarzacher Psalter

Inständig rief ich zum Herrn,
er neigte sich zu mir
und hörte mein Schreien.
Er zog mich herauf aus der Grube des Grauens,
aus dem Morast des Schlammes.
Er stellte meine Füße auf Felsengrund,
er hat meine Schritte gefestigt.
Er gab mir ein neues Lied in den Mund,
einen Gesang zum Lob unsres Gottes.
Viele sollen es schaun und erschauern
und auf den Herrn vertrauen.
Selig der Mann, der auf den Herrn sein Vertrauen setzt,
der nicht zu Stolzen sich hält, noch zu Dienern der Lüge.
So viel hast du für uns getan, du, Herr, mein Gott,
deine Wunder und Pläne –
niemand ist dir zu vergleichen!
Wollte ich davon künden und reden,
es sind zum Erzählen zu viele!

Schlacht- und Speiseopfer gefielen dir nicht,
du hast mir Ohren gegraben,
Brand- und Sündopfer hast du nicht gefordert.
Darum sprach ich: »Siehe, ich komme!
Es ist mir vorgeschrieben in der Rolle des Buches.
Es ist meine Freude, mein Gott, deinen Willen zu tun;

in meinem Innersten ist deine Weisung.
Ich werde Gerechtigkeit künden in großer Gemeinde,
ja, ich werde meine Lippen nicht verschließen.«
O Herr, du weißt es:
Deine Gerechtigkeit habe ich nicht im Herzen verborgen.
Ich habe geredet
von deiner Wahrheit und deiner rettenden Stärke,
deine Huld und Treue verhehlte ich nicht
der großen Gemeinde.
Du, Herr, wirst dein Erbarmen nicht vor mir verschließen,
deine Huld und Treue werden mich immer behüten.

Leiden ohne Zahl umfangen mich,
meine Sünden haben mich eingeholt.
Ich kann den Blick nicht mehr erheben.
Mehr sind es als die Haare meines Hauptes,
mich hat der Mut verlassen.
Sei gnädig, o Herr, reiß mich heraus,
o Herr, eile zu Hilfe!
Frohlocken sollen und deiner sich freuen
alle, die dich suchen.
»Groß ist der Herr!«, sollen immerdar rufen,
die deine rettende Stärke lieben.

Bin ich auch arm und elend,
mein Herr wird für mich sorgen.
Meine Hilfe und mein Befreier bist du.
Mein Gott, o säume nicht!

Gott gebe mir Gelassenheit

Friedrich Christoph Oettinger

Gott gebe mir Gelassenheit, Dinge hinzunehmen, die ich nicht ändern kann, den Mut, Dinge zu ändern, die ich ändern kann, und die Weisheit, das eine vom anderen zu unterscheiden.

Gott ist über mir

nach einem Irischen Segenswunsch

Gott ist über mir,
um mich zu behüten.
Gott ist vor mir,
um mir den rechten Weg zu zeigen.
Gott ist neben mir,
um mich zu beschützen
gegen Gefahren von links und von rechts.
Gott ist hinter mir,
um mich zu bewahren
vor der Heimtücke böser Menschen.
Gott ist unter mir,
um mich aufzufangen, wenn ich falle.
Gott ist in mir,
um mich zu trösten, wenn ich traurig bin.

Psalm 143,1–11

Münsterschwarzacher Psalter

Herr, höre mein Gebet, vernimm mein Flehen,
in deiner Treue antworte mir, in deiner Gerechtigkeit.
Geh mit deinem Knecht nicht ins Gericht,
ist doch keiner, der lebt, gerecht vor dir.
Denn der Feind verfolgt mich, tritt mein Leben zu Boden,
in Finsternis lässt er mich wohnen
gleich solchen, die längst gestorben sind.
Mein Geist verzagt in mir,
das Herz erstarrt in meinem Innern.

Ich denke an die Tage der Vorzeit,
sinne nach über all deine Taten,
ich erwäge das Werk deiner Hände.
Ich breite nach dir meine Hände aus,
wie trockenes Land dürstet nach dir meine Seele.
Antworte mir bald, o Herr,
denn mein Geist ist am Ende.
Verbirg mir nicht dein Antlitz,
sonst gleiche ich jenen, die niederfahren zur Grube.
Am Morgen lass mich deine Huld erfahren,
denn auf dich vertraue ich.
Zeig mir den Weg, den ich gehen soll,
denn zu dir erhebe ich meine Seele.
Entreiße mich meinen Feinden, o Herr,
zu dir nehme ich meine Zuflucht.

Lehre mich deinen Willen tun,
du bist ja mein Gott,
dein guter Geist leitet mich auf ebenem Lande.
Um deines Namens willen, Herr, erhältst du mich am Leben,
führst mich in deiner Gerechtigkeit heraus aus der Drangsal.
In deiner Huld bringst du meine Feinde zum Schweigen,
all meine Bedränger lässt du zugrunde gehn,
weil ich dein Knecht bin.

Psalm 6

Münsterschwarzacher Psalter

Herr, züchtige mich nicht in deinem Zorn!
Weis mich doch nicht so grimmig zurecht!
Sei mir gnädig, Herr, denn ich welke dahin;
Heile mich, Herr, – in meine Glieder fuhr der Schrecken.
Meine Seele ist zutiefst erschrocken,
Du aber, Herr, – wie lange noch.
Herr, wende dich doch her und befreie mich,
um deiner Liebe willen rette mich.
Denn niemand denkt an dich im Tod.
Wer wird dich preisen in der Unterwelt?
Ich bin erschöpft vom Seufzen,
jede Nacht benetze ich weinend mein Bett,
ich überschwemme mein Lager mit Tränen.
Mein Auge ist getrübt vor Gram,
matt geworden wegen all meiner Bedränger.
Ihr Übeltäter alle, weicht zurück von mir!
Denn der Herr hat mein lautes Weinen gehört.
Gehört hat der Herr mein Flehen,
der Herr nimmt mein Beten an.

Komm, Heiliger Geist, wahres Licht

Der heilige Symeon, der neue Theologe (922–1022)

Komm, Heiliger Geist, wahres Licht.
Komm, verborgenes Geheimnis,
Komm, namenloser Schatz,
Komm, endloses Glück,
Komm, zum Heil aller, die auf Dich warten,
Komm, Du Unsichtbarer.
Komm, geliebter Name,
überall vernommen.
Komm, mein Atem und mein Leben.
Komm, Trost meiner armen Seele.
Komm, meine Freude
und mein Ruhm in alle Ewigkeit.

O Herr, komm bald

Brigitta von Schweden (1303–1373)

O Herr, komm bald
und mache die Nacht hell.
So wie Sterbende sich sehnen,
so sehne ich mich nach Dir.

O Jesus, Gottes Sohn,
Du standest stumm vor denen,
die dich verurteilten.
Halte meine Zunge zurück,
bis ich mich besinnen kann,
was und wie ich reden soll.
Zeige mir den Weg
und mache mich willig, ihn zu gehen.

Schlecht ist es zu zögern
und gefährlich weiterzugehen.
Erfülle Du meine Sehnsucht
und zeige mir den Weg.
Ich komme zu Dir
wie der Verletzte zum Arzt.
Gib, o Herr, meinem Herzen Ruhe.

Ich glaube an die Sonne

Auf der Mauer des Warschauer Ghettos
von einem unbekannten Juden

Ich glaube an die Sonne,
auch wenn ich sie nicht sehe.

Ich glaube an die Liebe,
auch wenn ich sie nicht spüre.

Ich glaube an Gott,
auch wenn ich ihn nicht sehe.

Es preise dich

Gertrud von Helfta (1256–1301/1302)

Es preise dich die ganze Kraft meines Geistes!
Es preise dich das ganze Wesen
Meines Leibes und meiner Seele!
Es verherrliche dich alles, was in mir ist.
Es jubeln zu Dir alle meine Wünsche.

Nein, ich kann Dich nicht preisen!

So mögen Dich preisen und rühmen
An meiner Statt
All deine wunderbaren Werke,
die ich von Dir empfange,
o Gott meines Lebens!

Mein Herr und mein Gott

Nikolaus von der Flüe (1417–1487)

Mein Herr und mein Gott,
nimm alles mir,
was mich hindert zu dir.

Mein Herr und mein Gott,
gib alles mir, was mich führet zu dir.

Mein Herr und mein Gott,
nimm mich mir
und gib mich ganz zu eigen dir.

Literatur

Peter Abel
Spirituelle Wege aus dem Burnout
Münsterschwarzach 2009

Alfred Delp
Gesammelte Schriften.
Aus dem Gefängnis, Band 4
Frankfurt am Main 1984

Deutsches Wörterbuch
von Jacob und Wilhelm Grimm, Nachdruck
München 1984

Jörg Fengler
Helfen macht müde. Zur Analyse und Bewältigung von Burnout und beruflicher Deformation
München 1998

Graham Greene
Das Ende einer Affäre
Hamburg 1955

Anselm Grün
Mein Gebetbuch
Münsterschwarzach 2010

Byung-Chul Han
Müdigkeitsgesellschaft
Berlin 2010

Peter Handke
Versuch über die Müdigkeit
Frankfurt 1992

Hermann Hesse
Siddhartha.
Eine indische Dichtung
Frankfurt am Main 1978

Gerald Hüther
Die Macht der inneren Bilder. Wie Visionen das Gehirn, den Menschen und die Welt verändern
Göttingen 2009

Carl Gustav Jung
Gesammelte Werke, Band 9/I
Olten 1976

Erhart Kästner
Die Stundentrommel vom Heiligen Berg Athos
Wiesbaden 1956

Hans Kernen
Burnout-Prophylaxe. Erfolgreiches individuelles und institutionelles Ressourcenmanagement
Bern 1997

Apophthegmata Patrum
Weisung der Väter, herausgegeben von Bonifaz Miller
Trier, 4. Aufl. 1998

Josef Pieper
Muße und Kult
München 1955

Evagrius Ponticus
Der Praktikos. Hundert Kapitel über das geistliche Leben, eingeleitet und kommentiert von Gabriel Bunge
Weisungen der Väter, Band 6, Beuron, 2. Aufl. 2008

Markus Treichler
Der überforderte Mensch.
Chronisch müde – erschöpft – ausgebrannt
München 2001

FSC
www.fsc.org
MIX
Papier aus verantwortungsvollen Quellen
Paper from responsible sources
FSC® C141904

Druck:
Canon Deutschland Business Services GmbH
im Auftrag der KNV-Gruppe
Ferdinand-Jühlke-Str. 7
99095 Erfurt